THE WORLD ALMANAC 2024

WORD SEARCH

THE WORLD ALMANAC 2024

WORD SEARCH

175 LARGE-PRINT PUZZLES!

DIEGO JOURDAN PEREIRA

WORLD ALMANAC BOOKS

World Almanac books may be purchased in bulk at special discounts for sales promotion, corporate gifts, fund-raising, or educational purposes. Special editions can also be created to specifications. For details, contact the Special Sales Department, 307 West 36th Street, 11th Floor, New York, NY 10018 or info@skyhorsepublishing.com.

Published by World Almanac, an imprint of Skyhorse Publishing, Inc., 307 West 36th Street, 11th Floor, New York, NY 10018.

The World Almanac® is a registered trademark of Skyhorse Publishing, Inc. All rights reserved.

www.skyhorsepublishing.com
Please follow our publisher Tony Lyons on Instagram @tonylyonsisuncertain

10 9 8 7 6 5 4 3 2 1

Puzzles and text by Diego Jourdan Pereira
Interior design by Chris Schultz
Cover by Kai Texel

Library of Congress Cataloging-in-Publication Data is available on file.

ISBN: 978-1-5107-7914-3

Printed in the United States of America

WORD SEARCHES

BIGGEST DESERTS

```
F C Q N V S O N O R A N O H N I E N
C H I H U A H U A N H K I A B P Y W
Y S Z G N N Q V W N I A I O B P W A
U P O N Y W P V A T R L G L E S S B
R P K A G I M K D N A A R G V P A P
T Q A Q W U A J R R Y H B J N J H K
E N I T D M C S T I U A O G W S A R
L Q Q Q A U V S I C S R K R Y K R I
M X A L N G U M D W K I N E M S A A
D B K X I A O V K A D M S A P G B R
D A E V T I K N H I D U V T N P K A
T C A A M C K B I X Q Z J N W Y B
M Z E N I V Z S S A C R N A I E Z I
C R H C A V U D T K N S H S Q K Y A
G W F X F M B A O S I X F I I F L N
J Q J H D X I E A H Y R A N M A K T
S P V F N D N B P P H Y B S G E U T
Z J I H N O D I Z R H Z A B L T M C
```

- Arabian
- Chihuahuan
- Gobi
- Great Australian
- Great Basin
- Kalahari
- Kyzylkum
- Namib
- Patagonian
- Sahara
- Sonoran
- Taklamakan

U.S. CONSTITUTION

```
I Z A B I L L O F R I G H T S A N A
I D W I L L I A M S J O H N S O N S
D I Z R C L D E F P F E O S T H Y A
R U F U S K I N G D A S M L H J W F
Y T J U S T I C E S I R I M L V E E
W Y R C G N N J S D L M T N T L T G
K X A A B E I T A E A D T I Z Q H U
A Q Q D N K J M A H O Q S Q C J E A
M M Y U E Q S M R S S P M K P L P R
D P E L J E U L U U R G F F D E D
A L H N M V D I O T K M M Z O X O S
G L V A D N X R L E Z V M Q R U P Q
E W J X A M U K I I M J R S M L J
S V Z X O E E F A L T A O A T H E A
R C E T U T S N U R R Y X H R G K L
U L Y S L G N O T K L B G J H G M G
A E F Z I X C A C S I N E Q R V N H
I N D E P E N D E N C E H A L L R U
```

- Alexander Hamilton
- Amendments
- Articles
- Bill of Rights
- Independence Hall
- James Madison
- Justice
- Rufus King
- Safeguards
- Tranquility
- We the People
- William S. Johnson

COVID PANDEMIC

```
H J O U D C A V Y Q N E G N Y F J Q
Q Y I S A A N T H O N Y F A U C I A
L H B J X M N N I L B Y U G D H J N
N T M B A G H T T O R W H V L P A Y
P W N O S D A A Z O P R N A J O E L
H O J S I N X M T Q S G D B E B R Q
Y V L V I J X A U W Z K N F S W J H
U V S C V E R H Z Z I Y W H S K H S
E J C Z T I W R P A K C W Y F H O O
C A N Y P C U K B O V R P E L G V A
V C J S X R H Z V M B L E F G B Y L
N O E G X Z A I U I M M D E L T A P
V R Z M H P N L W C O M U N A E N H
A P C J A D U Q R R N X J D C S M A
S B A N N S G P D O F S U F U H O F
O C T U X G K N K N W G S Z O C Q A
O K P D S I Y S M F P A N D E M I C
T R B M I S I N F O R M A T I O N X
```

- Alpha
- Anthony Fauci
- Delta
- Masks
- Misinformation
- Omicron
- Pandemic
- Respiratory
- Syndrome
- Vaccination
- WHO
- Wuhan

ACTIVE VOLCANOES

```
Y N E F L Y B S J T H A M J N N G D
I I N E U A O M O X Q U K M J U R W
N S F A T F Z I G S A E C C S S I I
T H X W O U K I I T H R A X E I N L
K I V A I S I U A M H E V K M Y C H
W N K U E G L K S I N B L J I Q O Y
N O V T W O A V A W F U L R S P N Y
U S A N G R U Z G W R S O Y O T D F
U H Q A K Q E H P A D I H D P R E K
I I A O S D A E D G M E A F O H L D
P M C S T R O M B O L I C Z C Q A M
H A W S I W R H R B D F Q L H S V P
R P H D D A M J N V L K U B N H I V
R T K S C B J H O J Y C S L O T E X
L H O S V I L L A R R I C A I G J H
A Z A F G R E A T S I T K I N G A U
N L C X U K J Y F G O H M T B F Z P
C O T O P A X I A J X U H F N H L C
```

- Cotopaxi
- Erebus
- Great Sitkin
- Kilauea
- Krakatau
- Lascar
- Nishinoshima
- Rincon de la Vieja
- Semisopochnoi
- Stromboli
- Tofua
- Villarrica

FROM VPOTUS TO POTUS

```
C H E S T E R A A R T H U R P L C V
U C G K H U X O Y T I V R Z F S Q H
M T O M E Z C D H J O H N A D A M S
E H R S O A N D R E W J O H N S O N
C O G P D C O L N O U B X D C X C X
A M U R O H R X K G G J T J T R V I
L A V R R A O V Z E L I P O I W B Y
V S V S E R G A A O Y L G E S E F X
I J C J R R E F N R X W Y B U S T O
N E L I O Y R V P G F D K I G A J W
C F B F O S A J K E J V W D X V U X
O F V F S T L J L H X L T E A G B N
O E H L E R D F O W V T G N P I H X
L R B E V U R M S B H N E V I N Z L
I S Q P E M F G W U F U S W B J M N
D O V U L A O S O S N O Z E G J L T
G N K N T N R I C H A R D N I X O N
E G E L Y N D O N B J O H N S O N D
```

- Andrew Johnson
- Calvin Coolidge
- Chester A. Arthur
- George H. W. Bush
- Gerald R. Ford
- Harry S. Truman
- Joe Biden
- John Adams
- Lyndon B. Johnson
- Richard Nixon
- Theodore Roosevelt
- Thomas Jefferson

INVASION OF UKRAINE

```
V O L O D Y M Y R Z E L E N S K Y Y
G Q U B B B E D L Z W C L I N A G S
J Z E B F M D T R U G S Z J K F L P
I W L E N A Q C W K H V J B V Y S E
B E L P J R N U K O U A D W I L H C
W B J Z G I X I V Z Y E N F O T Y I
H Z S C E U U R Z H Q E C S U Y A A
K F D T Z P D Z P G R P V M K D Q L
X E C T Z O K O H O Q C L J E R E O
W N M P P L S Y N P D Q J T U O R P
Q Y A I T R Q Y I E G J J Z T N E E
Z N G T R N H W I V T C R I M E A R
D K B Y O Q J I Z L U S I L Z S F A
C R W P P M F K L A U D K P I B Q T
A L E K S A N D R D U G I N R E T I
B A K J V C B J W N E L A E E A H O
I S C T V V L A D I M I R P U T I N
H Y P E R S O N I C M I S S I L E S
```

- Aleksandr Dugin
- Crimea
- Donetsk
- Drones
- Hypersonic Missiles
- Kyiv
- Luhansk
- Mariupol
- NATO
- Special Operation
- Vladimir Putin
- Volodymyr Zelenskyy

UK PRIME MINISTERS

```
U U V C P C U E P U K B J X V H P M
B O R I S J O H N S O N Q R X J J A
T D A V I D C A M E R O N B Q W S R
H F D N X Z H V G D P W M H L S B G
E C F W G P M O X C O W J A U R J A
R Z P C T H D U L R I Y R R Q M E R
E C R M M O L I B M X K T O M S Q E
S J N E L Q N N P K U Z T L H G J T
A D P Z U C O Y A R I O A D M F K T
M K R N D D E N B L O A F W S B R H
A S F B R W U W Z L I G B I A L V A
Y M G O S S T X N F A R W L C W G T
A D G M I N N U D A M I L S Y W C
U J O H N M A J O R M M R O O G I H
Z I S T W H Y A G C R U Y N X P K E
M I E D W A R D H E A T H L I O S R
R A L E C D O U G L A S H O M E A D
Q H B U N D U Z C U O C L D P R J V
```

- Alec Douglas-Home
- Boris Johnson
- David Cameron
- Edward Heath
- Gordon Brown
- Harold Wilson
- John Major
- Liz Truss
- Margaret Thatcher
- Rishi Sunak
- Theresa May
- Tony Blair

DO THE MATH

```
A S E X S U N F T U Q U Z L T A C Y
O R N S M M I Z Y B B H T C Y T R P
X L I G T J U R C O U F V R M O Y B
J F H T O A O C H A O S T H E O R Y
P B K W H E T W X D D E N H B V L Y
S R C Y H M C I J E M B T J Y O G L
L P O T T F E Y S O K R F K M B Q
S L T B T X R T N T E U Q U F F T X
N E B M A T C O I B I P R S Q R V K
S T W Z E B G L M C S C Q L W V N D
I A J M M I I U K L J L S S O E J P
S R O I R B N L Z T H D D Q H G A T
R E T T J L T S I A L G E B R A I F
G S P J U Q A M J T U L V N C B U C
K A Q W W V O P S Z Y G M M Z B N L
C O M P U T E R S C I E N C E A B E
E N I E Q K C R E Q C A L C U L U S
G C W C A H B X L O N Y F K A L D M
```

- Algebra
- Arithmetic
- Calculus
- Chaos Theory
- Computer Science
- Geometry
- Logic
- Number Theory
- Probability
- Set Theory
- Statistics
- Trigonometry

95TH ACADEMY AWARDS

```
M U O V X D X U J K P M Y N E R N E
F T G R C W B V F X Y I L Z V B F X
D L U Y J F B N R Z R C P B E O W R
M M Q S G A B V A X I H B U R V A H
X M L S F H M B Q V A E T O Y U L I
H J L Q T E B I Z T A L T B T H L D
W E V E R Y W H E R E L K M H V A K
O A Z L L Y N A Y L E E N I I M T E
M X G P B F A E A D E Y M Y N J O H
E L M U Z G N H O S D E C X G W N U
N U J A Z D W M X J Q O C R Z P C Y
T X Q T R E R D K W M H H U R L E Q
A O W P H E H G O I M T W C R L Q W
L Z I T L N X Z W P T Y Q Y Q T A A
K Y M L P G I P O G F U G V S G I N
I Q I T O P G U N M A V E R I C K S
N U B R E N D A N F R A S E R P B B
G F I F G R S V X K S L T D T L B V
```

- *All at Once*
- Brendan Fraser
- *Everything*
- *Everywhere*
- Guillermo del Toro
- Jamie Lee Curtis
- Ke Huy Qwan
- Michelle Yeoh
- *Navalny*
- *The Whale*
- *Top Gun: Maverick*
- *Women Talking*

ROAD TRIP

```
H A R D S H O U L D E R E U L T Z K
Z F Z Q F D D P P S P G R N C R C V
B I H P L R P Z J U N I C S W A S V
L C E L S Z W I L A A H Q U B F J T
M O B F H H I G H W A Y F R L F S W
L M A J C R X C C O A O L F A I A E
Q P Y B H U R W Y L U N G A C C J A
D R L I W E P O C G O O W C K C M R
O E U H T W T A V Y G V U E T I C I
E S Z N R Z V M T A U U E D O R G N
N S I N E Q N J E H E X C R P C S G
B E K N H A B C R U W Z Y O L L N S
J D T E S I S N W A Y A H A S E A U
Q S W I V Q Y Z J T R M Y D A W A R
C O L L E C T O R R O U T E M O O F
J I F C L O U I Z R R Q U H S Z R A
J L S B Z E X P R E S S W A Y E C C
S V N A Y I N T Y U H T O J W I G E
```

- Blacktop
- Cloverleaf
- Collector Route
- Compressed Soil
- Expressway
- Hard Shoulder
- Highway
- Interchange
- Pathway
- Traffic Circle
- Unsurfaced Road
- Wearing Surface

FAITHFUL ROCKERS

```
C O R D U Q P X E Z N P N R W A R H
L O L F E P A L I C E C O O P E R Y
L E N N Y K R A V I T Z M R N D A B
W Y P S P Z T X N D F D E R D R S R
L R P H R M H M Z Y N D A K U K T I
D Z P V R Y U G L B D F D F M E M A
A V A D J H R L U Z K V E Q R M J N
V H U O F A K L C R Q I B Z A K H H
E J L G Q K I R A D H P B R E W K E
M O J T G R L M F C Q W G N T T K A
U H O Q K D L W I D V U U Y O K B D
S N N Y F K E R W D O W S K M L Y W
T N E A K E R R Y L I V G R E N V E
A Y S J H G K C X F M H X O U J B L
I C B G I C A F J A D U Q V A H B C
N A Z P J W N L E E V E F A E W O H
E S D B Z H E W U W G N R P V A N D
W H P Q W K Q C L E Z Z B W A L O S
```

- Alice Cooper
- Arthur "Killer" Kane
- Bono
- Brian "Head" Welch
- Dave Mustaine
- Johnny Cash
- Kerry Livgren
- Lenny Kravitz
- Lou Gramm
- Mark Farner
- Paul Jones
- Richie Furay

PAPER TRAIL

```
S T A N D A R D L E T T E R H E A D
R X C T V C A N V Q Y K D X D O N H
V G H K T V N Q H H M S K R F M U L
X C D N L Q T J F H W O A P S I G E
O O C V F U E X Y G C O J A Y B K D
N M F O C L O S G E B T R A C I N G
I M Q I A W A T E R C O L O R D B E
O E A T S T Q V E M D N W E W X M R
N R N S H J E T I W N T A D X V S F
S C P N X S S D X R Y D C B O N D R
K I K K V O D O S E Z U Y V M H U B
I A O D P T Q X B T A J E B U D C M
N L I Q C K X L I H O X P R L C J Y
M C C U X U O Y Y H E C A I B Z W S
E O M I M E O G R A P H K S E F G P
O V T J B U Q V E X F U Q T R Z Z W
O E B K A M V Z V C F K B O R K K L
W R L P Y T E P T X Z O E L Y X M M
```

- Bond
- Bristol
- Coated Stock
- Commercial Cover
- Ledger
- Mimeograph
- Mulberry
- Onionskin
- Poster Board
- Standard Letterhead
- Tracing
- Watercolor

CABINET DEPARTMENTS

```
E T A U W Z M H U W F I K Z O I S L
D R A K C F J C N S X P U W Z R N V
U A G T P N S U Z Q Q L X G I I Q L
C N R A O Y O X S W F L V A F D N Z
A S I F D C T R I T G D F T W V U N
T P C Z B O S K G L I F H L A B O R
I O U D E F E N S E A C M O J R F K
O R L B E B X Q K S G W E T P B E O
N T T P D O Z G N A L X Y E C Q Z J
C A U E L V U A Q L T T C V C Y J B
X T R X I F R U Q T K R I E W I R X
L I E N Q E I K O Y E E Q H G Y D P
L O R D T H Z P M M U A M N P U G C
I N T E R I O R M S R S T S K D F T
F P V P Q S Z O T U C U F O T K Y X
S N R E Q X C M X M L R Y P O A E Z
N I G P K U B O Z W K Y X U J A T S
H O M E L A N D S E C U R I T Y Z E
```

- Agriculture
- Commerce
- Defense
- Education
- Homeland Security
- Interior
- Justice
- Labor
- State
- Transportation
- Treasury
- Veterans Affairs

SCOUT RANKS

```
R I B T G B R O W N I E J M E D E M
W I O J W O C A D E T T E D A W S T
D H B L N S U D A I S Y A Y Q O W B
L E C Z T C B M X P J C T H K S N Z
D O A H N A S Q Y J N F J D H D D B
T C T N D R C I N F B K R Y G A L A
I K V C O B O Y S C O U T R A H I L
R A E I N I U V O A R X B G R K W L
L S N D M W T R X O Y U J Y R M R L
M U A I F L Q L D S C W N I O K G S
J U U V D T S A L R M P Y J W I Y D
N S D S T I S U E V W O D M O M J P
P J E J T S X G K P N J P T F T U Z
R V M N A O I R Q B H B U L L C Q N
S O F B I T B A W V W F M E I J F S
D L M D J O L C E D A G G Q G O M G
T A P F X K R E W K Y P T T H B C V
J R T X D T E N D E R F O O T G E W
```

- Ambassador
- Arrow of Light
- Bobcat
- Boy Scout
- Brownie
- Cadette
- Cub Scout
- Daisy
- Junior
- Senior
- Tenderfoot
- Tiger Cub

RECENT BOOKER PRIZE WINNERS

```
H G R V V C V V M S Y T F S D X B U
I L Z E E L F M N Q P I R H L F E S
L E V Z Z Y N R W T S E P E P U R V
A B B P U W U Q Z E D C D H D R N V
R X B Z G B E C M N Z S O A R I A T
Y L E F A D Q A U S E H U N E C R G
M C T N I I J A W N K N G K L H D O
A F N H Q N S D R Z S A L A E A I A
N A F R O E P A P Y H H A R A R N S
T B T L G L B M A S W Y S U N D E R
E P R R G N R O U X O Z S N O F E W
L A O F A K P N L N Z P T A R L V O
M E N I Z N M G B H J L U T C A A A
G M L B T Y F A E C V M A I A N R K
V U Z L R I H L A Z Y E R L T A I U
J L I M I L A G T F N V T A T G S C
Y J A V Q H X U T Q R O G K O A T T
L O E P B A Y T Y D B R F A N N O H
```

- Anna Burns
- Bernardine Evaristo
- Damon Galgut
- Douglas Stuart
- Eleanor Catton
- George Saunders
- Hilary Mantel
- Julian Barnes
- Marlon James
- Paul Beatty
- Richard Flanagan
- Shehan Karunatilaka

MODERN ART

```
E G Z N I V R V Q X Y O N H M B Z S
S C M E C O H I Q W L P P S F W I L
K C O N S T R U C T I V I S M N P U
C L Y K I F S C A R T N O U V E A U
H G L M G O T H I C R E V I V A L G
Q Y C L G W N Z R E U S X M T L A X
O S U S V L M G D A W R G P V V R U
L L B S T H C O L I J C G R P B T Q
X B I L X W M P K V W G K E B Q S G
I Y S E Y T I D C Q F A G S Z L A N
T H M Z S P E H B U V R J S K P N P
G A J O W T W K A N M T I I B C D Y
U Y P H D S L L N V R D G O D Z C K
P R A I R I E S T Y L E V N U K R K
F U T U R I S M R L M C P I G U A G
A I C E X Q L K B G F O F S C S F X
N E X P R E S S I O N I S M B K T P
B S Y V I D R F E R B A U H A U S Z
```

- Art Deco
- Art Nouveau
- Arts and Crafts
- Bauhaus
- Constructivism
- Cubism
- Expressionism
- Futurism
- Gothic Revival
- Impressionism
- Post Modernism
- Prairie Style

SYNTHETIC ELEMENTS

```
C O P E R N I C I U M X S L J Z E J
A T Z N V C J B Q K M A X A P W Z D
L D E I H L S A E U H M C N D X U T
I O E D T D T Q I L D Z N J B P C A
F Q K D R D A R M S T A D T I U M R
O T T U E H O E E T E S S W B W O U
R N L L T M P R Z V G N K S O O H T
N D R S R N Y X P T I T E Q U Q E H
I X K E D L W E K B N B D J U I P E
U V V W W C T E C H N E T I U M V R
M I J N G S D M N E N R W M E P R F
L A M E R I C I U M I K R C X H T O
S E A B O R G I U M H E K U B Z U R
H E X N P X I C H R O L S O X T T D
T R X A B Q G I L N N I U E X B X I
P G L Q M P V S R Z I U G D J O N U
M E I N S T E I N I U M U O F V D M
R O E N T G E N I U M L N K M C F P
```

- Americium
- Berkelium
- Californium
- Copernicium
- Darmstadtium
- Einsteinium
- Livermorium
- Nihonium
- Roentgenium
- Rutherfordium
- Seaborgium
- Technetium

ARCHITECTS' SPECIALTIES

```
Q G I V A O P H K T I L N Y B O X L
A C N E Q O R B T I A Z R Z N U I P
G T O B D R D H Z I N A A A R G R U
R G N M W U V Q T T T Y L J N O G B
I Y W E M K C N A I W U Q U O V I L
C F Z E Z E E A L L W U R D K E C I
U J T P D D R I T D F L T E G R O C
L Q P B I C M C J I W U I L T N V W
T G I S H U T V I B O Z Q P D M J E
U S E A F X U E R A T N W D J E O L
R R S N V Z M M E E L P A W B N S F
A S S V E A P E L B L N I L T T X A
L X E A W K F H G E B I Z T X A J R
R E C R E A T I O N A L G V V L E E
O S X D O H P U R K C O N I W Z N A
I N D U S T R I A L Z R V U O I G U
Z L U L K K J H Z X T C M X R U W B
F C O M M E M O R A T I V E U Y S Z
```

- Agricultural
- Commemorative
- Commercial
- Educational
- Governmental
- Industrial
- Military
- Outdoor
- Public Welfare
- Recreational
- Religious
- Residential

OFFBEAT CRAYON COLORS

```
F W G W J T I C K L E M E V A H R L
O L S C S Z O I Y J O B V Q Y R Y K
D G R A N N Y S M I T H C U X T M Z
D A Q C W I B T W I P T Z M S I X X
Q B N J E N O Y D R X F W E Z M X B
R R B D E G M T C D C Y J N L B N U
P J C J E E Q N L K N A S P B E R R
E L B M E L U Z T L M X E D D R G N
R B M H Y H I K D E P A O K H W C T
I Q E K Z Z V O L Y Z Q Y L X O A S
W R M K K B R P N Q A I C N H L D I
I L J J Z N R U B I J Q K V K F E E
N X F N E U B I T T E R S W E E T N
K Y T D P O Y E P W D F C I M W B N
L V L H T O C K V F B V W V E P L A
E O J A F H T R O B I N S E G G U R
G P N W G M X R J Z N Z R O Q F E W
W I L D S T R A W B E R R Y X H E E
```

- Bittersweet
- Burnt Sienna
- Cadet Blue
- Dandelion
- Goldenrod
- Granny Smith
- Periwinkle
- Purple Majesty
- Robins Egg
- Tickle Me
- Timberwolf
- Wild Strawberry

BALANCE SHEET KEYWORDS

```
Y F Q F B S U N R C M T T Q S C C Z
L E F B Y D Z Z M Z Y S G R V H A B
J F F I X E D C A Y A I K O A W P G
S E N G Y I Q C O C T B E L R E I S
N S G V X W P A E N U K M L I V T H
O H B J K R C R K X T E Z I A E A O
P L I Y I E O U O D A I V N B G L R
E M R I Z F Q S J G G U N G L N R T
R R O N S S H G Q R R K U U E N F T
A A H V J E P D A F C A L H O J C E
T N E E X G J F W I M D M M Q U H R
I K X S U A U D T F N R R M G Q S M
N C E T L D H A D W X E G I E S U P
G T K M Q M T I T E T X N W N D T C
E N V E G S V M P G M K G V Y S W A
L S R N K U O T N X A A B M J F M T
E U C T G R M O V H Q X Z J M K R Y
L K L P W V L R D B U G S D L T Z R
```

- Capital
- Continuous
- Fixed
- Forecast
- Investment
- Long-term
- Operating
- Programmed
- Rolling
- Short-term
- Static
- Variable

BRIGHT STARS

```
R B V R Y P K X H E B W A R I G E L
F A B B I K A Q A U P Q T X T Y V M
O Q W T V G X R D P R T K K S U N P
M W F J T R I E A M J P O V V B O Q
N Q V P J O P L R G L Q J Y K B J E
A R A W C I D P K O B G S F C L J I
F S U R A F B D W E S D F I C X P Q
T M E Z C J M D G Z N V V S R P P Q
R O Q W W T W J E Q D T K K N I Z N
L C J U Q C U R K V M Y A N Z U U S
K Y J R L D A R L H C R A U D E G S
C B D S G N U P U T R M J K R U Z I
B A C J R N V A E S I T U S W U S H
D J N E Q B E T E L G E U S E K S P
X F H O Y M G J O O L U G C L D Y M
H C U Q P F A T S V F A U X E K I M
A S M E R U E U D V V Y D F M T L B
P K D E R Y S X P J T B B C M M U V
```

- Achernar
- Arcturus
- Betelgeuse
- Canopus
- Capella
- Hadar
- Rigel
- Rigil Kentaurus
- Sirius
- Sun
- Toliman
- Vega

BANDS NAMED AFTER PLACES

```
R L Q F A S I A E H N C J A H A C W
K X X D Q N H E T I Y Z J V V T P C
A H H V M G P E L T N P I D G L V F
N S K O Y O R R J W V L A H K A I F
S O H D R A E T T Q L H E F G N Q I
A O H U Z B R S Y E L A Z D M T M Z
S V E A Z K N Z M K Y Y W T T A C O
F D N N O A A C B N D Z A S Z S S Q
V R P R E V J R Y G E R U H U J Q C
I W B L I H W U U R W H C E X G B
Y H R D W O H Q N I M A F J Z K T O
E O A R E X O R E J M M U I H W K S
Z W E T K G V N C M Y E W F Q D Z T
H C C P A T O P O I V R Z A K G C O
K O F C D D G B P V O I M M L E Q N
F E I Z N Y B Q U X P C V S Z V J U
E H M O F Q Z J U Y A A F W A I K V
C Q L J G U M C X B Q S B K J Y G Q
```

- America
- Asia
- Atlanta
- Berlin
- Boston
- Chicago
- Europe
- Kansas
- London
- Nazareth
- Orleans

JIM HENSON PUPPETS

```
E A Q C Z T O C T B P P R A K H D U
E N J T H E S W E D I S H C H E F V
R G L A Q D J J L H O G M H K R G U
P C Q K I H H R C Z R U M Y N M H X
H H O Q B Z P I M A X L M O I K L M
S G I O P E B O E W T E I T U W U A
G K B C K D R B T V A Y W C R T Z N
A D Z E F I E T N T E K U M B N H S
U S Z X V I E H A Z S E A L D M M D
N X Y D Z U Z M I N W O C N K G K R
T R U Z O K L N O O D L E N O S E B
G J O R C O L N N O E C T J G F U
R F U H E A Z Q J B S S R M T M K N
A D W S M G M E N H Y T G N X E D S
N J S I K W G K R H Y P E K I J Y E
N M N M N S P N U S K A K R G E V N
Y A O S C A R T H E G R O U C H M U
K E R M I T T H E F R O G G T C T Q
```

- Animal
- Aunt Granny
- Bert and Ernie
- Bigmouth
- Cookie Monster
- Doozers
- Dr. Bunsen
- Fozzie Bear
- Kermit the Frog
- Noodlenose
- Oscar the Grouch
- The Swedish Chef

TOBACCO CULTIVARS

```
B D C I R C F M T Y Z M G F C H H I
R C S Z X Y Q I F K A P H W I L A M
I C X O F Z A M F D O I F U U A B E
G R O N C B N S A Y U D C L T M A Y
H I V B L C E U P T W Z P A O F N U
T O Q P W O M N B C Y U E T F H O U
L L T I J R D G E U N O T A E R H P
E L Z F E O U R U F R T E K C H P C
A O O Y S J S N R L J L T I A D I U
F Q M P H O Q S G Z D M E A V C S O
F A J T B Q E N W A F W K Y E O R C
K G P B J U D T O K P E I U N U F K
L C D M Q N S R V M B J P L D P N O
J G D I D Q B H F M I P T A I Z Y U
M F R U W O Z K A H C J M L S X J J
S E O A C V K H V D H O C E H I V I
P O K L O Q W H T S E C M G E B T O
Z C E U M W A T A Y T D O H X V B B
```

- Brightleaf
- Broadleaf
- Burley
- Cavendish
- Corojo
- Criollo
- Dokha
- Habano
- Latakia
- Maduro
- Perique
- Shade

WORDS BORROWED FROM FRENCH

```
B R G I U W R R V D P Q L N P C C O
A I Z C Y E G F Z U S Y R N A C R O
Q V V W W W J G O P C Q J E J X O B
F O S R N D P S M M Q V K K A I W B
Q P S H G T K S K A E W P V M C N F
M R L W Y F W L F C R W F K A X Q T
Q A R X B B C I I A Q R B E S V P B
G Y X G R B Y T V G P I W U B E D
J E S P C U S J I S U F Q A L K O J
E R L C E U S T H D V B J R G J P T
L O W X J K V J E X G X H R R E L V
H B D Q E F P M F M S U U A V Y E V
L Z D R T T I J U G N U P N B H U
M A S Q E G M N W V P H G A K E I F
Z Q M J E S C O U R T N P O Z A I C
I N Q R D N S S S L M M U C S U M L
A H B V F H I D N N S Z E L I T E D
L Z X R I G Y G C N M B P M X Y V U
```

- Beauty
- Court
- Crown
- Dress
- Elite
- Justice
- Marriage
- Pajamas
- People
- Prayer
- Regime
- Soup

CARD GAMES

```
L P W H W X F G O G S O F W H I S T
X E A Y Z N I E K P O X I S H N Y F
H R A V J D D W F Q T N F Z S B L L
B S A Z I I A Z Q Y L F C B V O P R
A I O B E Z I Q U E G N X R G E I G
B A M P H W H Z T V C D P X I X N Y
G N I P K E T V B E B W C M H W O X
L S N P Y F D X G S E B T X T N C P
O H Q Z U D E T Q G B Q P S U I L D
Z I X H Y Q A H H K R A L S C A E D
G R A N D F A T H E R S C L O C K U
A G L F L T R J T T F D J C Q G C N
B J T D R E U H X M S C N V A Z R O
P A M E G C N Z W R P H P A V R I R
E V K D D L U B R M V U V W U P A S
B O I S P I T E A N D M A L I C E T
P R Q Y O J N O M X U S M Y L L W X
B G I N R U M M Y J G C B I R J Q Z
```

- Baccarat
- Bezique
- Bridge
- Gin Rummy
- Golf
- Grandfather's Clock
- Persian
- Pinocle
- Poker
- Spite and Malice
- Uno
- Whist

DICK TRACY VILLAINS

```
M J R G S A W G G Y X I C G F H A H
Y C G E H O U M K C M M A V F R K K
Z J V T R Y H Y V M V G E U H I L H
A P W B H E K F R L J E P N J S O P
W V E B P E L M A W O X G M M D D L
A H R H Y B B R K K Q A K U Y E O
T N J I K T P R I E S R D B M C D J
B I G B O Y S D U F U A M H B W X X
Y A C T Y C R C Q S A N D V L Z W G
T Z V N Y Y K D O M H X L D E T G A
R J S P O J V K J R O T P S S L T R
F L Y F A C E Z H Q P B V Y C E B G
M E A S L E S X L T H I R T F V T L
F L A T T O P B W N G H O V A E J E
P S O P X C O F F Y H E A D C W N S
E I Q K J E T X F K A G E D U D E Q
K M H V D K X R G I T P N Q R I R V
J O J O N I D L E A H R X Q F V D M
```

- Big Boy
- Coffyhead
- Dude
- Flattop
- Flyface
- Gargles
- Jojo Nidle
- Measles
- Mumbles
- Scorpio
- The Brow
- The Brush

AT DEATH'S DOOR

```
M Y C H R C H R K E O A T E O H A N
B K A R J U R D N K S S M G V N I C
G W Q E O L H E T D Y S K S G F L E
E B Y I J P D E M U B Y R I F B I M
A L Q D A I G Z A A S U T O P M V E
X X Q T V P C Z S D T I C S D B O T
Z X I C G Z E F C A S I O U P R R E
Z P A R P J Y D F A S T O A Z U M R
E I P U T R E F A C T I O N F F O Y
A D N I L W C T C J Z D Q N C U R R
A X Z D X V L G M B I H S G E N T H
Q P K C C C O E R X H G P R I E I Q
J N V D L H U E Q M U X Q D Q R S Q
A P Q H X B D Q L F D U B D H A G V
W R Q N H M I A Q I X O T Y C L F V
S H S X K I N A L G O R M O R T I S
P U D K R I G O R M O R T I S H O F
P A L L O R M O R T I S Q R B Y I G
```

- Algor Mortis
- Cemetery
- Coffin
- Cremation
- Epitaph
- Eye Clouding
- Funeral
- Headstone
- Livor Mortis
- Pallor Mortis
- Putrefaction
- Rigor Mortis

SCIENCE FICTION AUTHORS

```
R P H I L I P K D I C K R K P P L D
A R T H U R C C L A R K E H F Z J D
Y Y X E F G S X H D B S B G R Z H M
B S V C L K T E E F M Z V E A N R Q
R G F I L W A O K A X O G O N N P D
A O K O K S N E D E B H L R K I B Z
D F I Y S N I A K P M P W G H O S J
B K R N J Y S X J I K T R E E V O X
U F D V U A L D P S D E Z O R W W U
R H W K L O A Y F A N W R R B U R X
Y P Y G E W W H S A L H G W E L L S
M M U R S L L C P C M T N E R J Y M
J O I B V Y E B E A F B S L T H B M
D I D L E B M T S S Y D P L F G F H
R O B E R T A H E I N L E I N J D N
F H Y N N F I W X M R W F I B U I L
M D R G E L X L R O N H U B B A R D
A U Z V B W O O E V J D L Z G U Q I
```

- Arthur C. Clarke
- Douglas Adams
- Frank Herbert
- George Orwell
- H. G. Wells
- Isaac Asimov
- Jules Verne
- L. Ron Hubbard
- Philip K. Dick
- Ray Bradbury
- Robert A. Heinlein
- Stanislaw Lem

MONOPOLY AVENUES

```
W Z U G K M B I W I B Q P E Y B D E
J J W W F E R M P H G D N F G A H T
O K Z B N D S R X I P A T B I R Z D
I C D N O I E N T E N N E S S E E C
W G I C R T O H E J D D J J Z N K O
E J G G T E O G X W F O O C J U C N
Z S U D H R B C M U Y Z P T R I R N
U E N Z C R K N D U M O N Z T V Q E
K P S U A A B M E K Z O R N P T B C
E Q T C R N L I S P M Z A K P A X T
N N T S O E P K D R A L U V L M F I
T R X U L A F D E S T C B A L T I C
U W Y Q I N X V U A B I I F S G Y U
C B Z C N O Q S N S G H G F M B K T
K P Z I A E F H K Z Q I N D I A N A
Y J N I L L I N O I S J S N Z C S X
Y E N X V P Y K Q K C D E N J Q L Y
D A B H D P W W R N Z O A W E X L K
```

- Atlantic
- Baltic
- Connecticut
- Illinois
- Indiana
- Kentucky
- Mediterranean
- New York
- North Carolina
- Pacific
- Tennessee
- Vermont

1960s TV

```
M I S S I O N I M P O S S I B L E M
Z C E E T Y T U M A D X L M H Z B W
E V B G O H X G Z Q S E V K V P F T
U M X S I O E N E D F Z N R F V K C
F Z B K M L A M E T E N A O S N S N
E V B R G N L H O V S T P Q V K J U
L U U Q O Z C I I D Q M A T W M J J
E Y B B F T K T G J S N A Y L I G G
Q R T S I I I H W A Y Q I R I S G P
P W S W A G D M G G N I U O T T N T
X E E F U O C L G Z M S G A N E S T
A B R F A B F F F R R T I I D R K O
C Z E L G F D G H Z J C A S K E O C
I H G U N S M O K E W S V R L D E Z
T H S P G U Z B E N E O L Z R A I F
B M H H B V L R R H F E C I U Q N A
F T H E F L I N T S T O N E S Z D D
M Y F A V O R I T E M A R T I A N K
```

- Bewitched
- Bonanza
- Get Smart
- Gilligan's Island
- Gunsmoke
- Mission Impossible
- Mister Ed
- My Favorite Martian
- The Flintstones
- The Fugitive
- The Mod Squad
- The Saint

MURDERESSES

```
R K Y P C Y U E N B R S N S S D P J
J B K C C Z A N V L S O A R Q A N R
A K I W C M A F X E T E Z O G R W O
N V Y W R P E H N T R H I N E Y V S
E E B A E A L N O J Z B I T M A G E
T T L J Z U U C H Y Y N T U V S G M
O F I O L G N D T T N I E V D A L A
P S D X E N B Q L I L K Z A I L M R
P M D L A P H Q T L Z N U K R T Y Y
A W L Y M M Q H A H A F Z Y M Y R W
N E R D T T T Y C U C X V Q A K A E
B A S S O E L O E N K Z T F G O H S
M C N A B R K Z Y D B G I G R V I T
F M D Y E E Q U W G N J A E A N J
I L R V S B J A Y C M B Z C S L D W
Q A E L T O L T O W B F U Y E Q L W
M B I Y U D H G E N E N E J O N E S
G R I S E L D A B L A N C O E N Y J
```

- Belle Gunness
- Beverly Allitt
- Darya Saltykova
- Genene Jones
- Griselda Blanco
- Ilse Koch
- Irma Grese
- Jane Toppan
- Mary Ann Cotton
- Marybeth Tinning
- Myra Hindley
- Rosemary West

SPIELBERG FILMS

```
V M F P E I Y R Z D O V L F N S Q Y
T K M F R Q T N O Y A J H U Z O E A
H W H S C H I N D L E R S L I S T X
E B B U J E K G F W L E O D W E O M
C X I D K V H E G P H J M Y T L Q V
O K S S U A T H E T E R M I N A L O
L K G D U U C W F I B V G E C A I L
O G S S M G N O V Y B Z T S G J I O
R C A G J L E D H L B M E Y Z Z K S
P M I N O R I T Y R E P O R T E B A
U O G C I X N M O R H C R J A G K M
R C N P D C M Y M R U T C G I R D I
P I M U B X W Z J N X W D H T O Y S
L E T G H F W R F M D S U R A J L T
E F Z R A T O Q O K L O E K P K K A
J U R A S S I C P A R K L J A W S D
C A T C H M E I F Y O U C A N G J O
A L N J O X R W A K Y U H O O K Q V
```

- Amistad
- Catch Me If You Can
- Duel
- Empire of the Sun
- Hook
- Jaws
- Jurassic Park
- Lincoln
- Minority Report
- Schindler's List
- The Color Purple
- The Terminal

TABLETOP GAMES

```
T T J H Y U B E S J X Q I E Q U K B
S P T C O D O I U J T O G U C U J I
X M S X Y N S S F T Q T P N Y K Y D
T R G A Y H P I K L L H X C V T S C
C N R C Z D U E B B M E C B U B I H
N K K O B A F U A D C L K L O J K E
F S Z H X J K B C Z K L Y S U A Q C
L T T S G I L E K O O O E X K E T K
E S O V M H Z Q G K T O C Y B O E
J G O M I O W S A T N J Z K H X D R
R R U I C A A C M I F S N F C D M S
R R O Q S W R I M Z V C C M Q K M A
I Q A J S M I O O I H R H F D M V F
S T H E W H D B N I I A N E E H T V
K M F T J T D X Z G D B O P S K B L
M A H J O N G G F W X B O R W S K D
R N A N Z B O J I P A L K F A M V Y
P P Y M V M P C N U U E I U O Z S C
```

- Backgammon
- Checkers
- Chess
- Clue
- Dominoes
- Go
- Mah-jongg
- Othello
- Risk
- Rummikub
- Scrabble
- Wari

STRANGE DEMISES

```
T O C M Z O O X T G K F R O A X Y N
I H L Y N P B F V E E A N Q O F Z L
K W O Q E T O G C D L I T S J Z Z X
M T I M S U Y U O S T E V E T O O K
B D A Y A X O B I N H Z D U A R W Z
A I S B J S N S E U U C C V S B I A
Z Z S Q L H U R V D F S G W T J L C
U A F E G E A R H A Q N A J E S L H
J R R U H O L U Q O Z E S O V Z I A
T A A M R R S M J U P H I U E S A R
K V Z T D Z Q E O I H B X Z I N M Y
U G E X A Y K D B W L A R S R F B T
I I M I O U N S X G U A R Y W V U A
P T D T L C F E S L X C R T I Y L Y
D A V I D C A R R A D I N E N B L L
W I L L I A M T H A C K E R A Y O O
M I C H A E L H U T C H E N C E C R
A D O L F F R E D E R I C K G Y K V
```

- Adolf Frederick
- David Carradine
- Karel Soucek
- Michael Hutchence
- Pietro Arentino
- Steve Irwin
- Steve Took
- Thomas Urquhart
- Vaughn Bode
- William Thackeray
- William Bullock
- Zachary Taylor

STAN LEE CREATIONS

```
T H E F A N T A S T I C F O U R E X
D O C T O R S T R A N G E G S F Z Y
U D T Q T I K F W A H X E H G R G H
Q B F Y M N N W Q X E Q L R W X T L
T I T H E G R E E N G O B L I N A Z
H S U T D I D S A L O K W I Y V A A
E O L Q A X A C N C I Z Y I J M X A
H F B K R E U A H F R W J R S U C O
U I T L E E M R I I Y K J O D F P Q
L J Z M D R B L A C K P A N T H E R
K G I Q E P V E F Q K A U M F J N Z
I P C D V C Z T C C V B Y A P F M B
M Q I N I Y O W J U P T S N T G L T
L P L H L C S I L V E R S U R F E R
S E U T F L F T O I E Y C T K M F K
Q I E I S O J C C I R F R W Z N D V
H N G U N P F H P R O F E S S O R X
U W E K J S R T K L C P V P E N G J
```

- Black Panther
- Cyclops
- Daredevil
- Doctor Strange
- Iron Man
- Professor X
- Scarlet Witch
- Silver Surfer
- Spider-Man
- The Fantastic Four
- The Green Goblin
- The Hulk

VEGETABLE FAMILIES

```
F Y M K X Q B G W F H S V D W H E W
J Z A O M A L L O W M U S T A R D Y
K G W T R J M U S K Y S B E L O C R
B G G N N N U I G R P L D B I Z H A
N Z N V Y Z I Y G W K A J C B S T J
V M N C L C M N X M H J L Y A Z K Z
N J W N O U F K G S B C F N D X P F
C O X N K M J V T G U K S W G F U Z
Z H T T L P P H W Y L G C G Q S T Q
O P A H O Q G O B Y J O R A D Q W T
G R V X R I J U S M A U R A U B N M
M I H D N X Q Y T I B X Q Y S S R X
V N Q P A R S L E Y T H C K F S D R
B U C K W H E A T F B E Y I F Y P N
X Y U D E D R B A H I T S K T U P P
I Z Y P F R Z K Z V J F X G O U R D
Z F V B C A R P E T W E E D F X G V
G O O S E F O O T A M A R Y L L I S
```

- Amaryllis
- Buckwheat
- Carpetweed
- Composite
- Goosefoot
- Gourd
- Grass
- Mallow
- Morning Glory
- Mustard
- Nightshade
- Parsley

WRESTLING POLITICIANS

```
T B O B B A C K L U N D M H D K I M
K E N U Q I H L T Q P Y Z Y C R M W
C V R U N H R P E S M T Y P D F H W
E Z I R E Q J X L W Z T K Y R I S L
O A B R A H A M L I N C O L N P A S
E G L E N N K A N E J A C O B S N X
K W D I U C C C Y G U D V H H O T R
S U R F D T R E I I T V X Q U S O I
D O N A L D J T R U M P W R T B N C
I A N X D L O Z B H X B W D L J I K
B R I A N B L A I R Y E P P I U O S
J E R R Y L A W L E R N Y P L U I T
L F F Q D L U D V I G B O R G A N E
J E S S E V E N T U R A Z G H T O I
J J F W I P Z K I V J H T Z E M K N
J E D U Z Z E U F E L Z G A Y R I E
V P N I K O L A I V O L K O F F I R
I T S H V G O C E S D H P V Q D Q N
```

- Abraham Lincoln
- Antonio Inoki
- Bob Backlund
- Brian Blair
- Donald J. Trump
- Jerry Lawler
- Jesse Ventura
- Glenn "Kane" Jacobs
- Ludvig Borga
- Nikolai Volkoff
- Terrance "Rhyno" Gerin
- Rick Steiner

BATMAN VILLAINS

```
R W B A N E H Y G P R Z H M N E G U
D R O I U F S U S A Q B F K C L O P
M Y J N A G P A G K A Z Q A Z P M T
L H N F E L H I S O O U F O V N M J
M X Y L K S F D Q Q S Y W P P G C U
X I I K M C W D J C A T W O M A N C
E H B P I R V T L L O E R E E C E S
B Y W H V H F L C J E M S A M W M S
X M N M D G L R G G G V I P N Y S L
L M E S M N T H E J O K E R F G T R
P T H E R I D D L E R A M J S U E Y
I M N R N A C J F V Z S Q V K E X N
R A S A L G H U L N E E G Q I Y Q N
B V A K A T H E P E N G U I N U R G
B L A C K M A S K I N C Z O U G K N
U A L L M A D H A T T E R Q Q V Q U
K I L L E R C R O C Y P R C Y I G G
E D I S T X G V D L J U P G Q F N N
```

- Bane
- Black Mask
- Catwoman
- Clayface
- Hugo Strange
- Killer Croc
- Mad Hatter
- Mr. Freeze
- Ra's al Ghul
- The Joker
- The Penguin
- The Riddler

1980s TV

```
R E M I N G T O N S T E E L E Q J Q
J Z J D Z D A M V O F X C O W X M L
A J M L B M A L L C F C S B K Y J M
T O U G J F I U N R H M G E J Q Q U
D L R L Q Q N A S D X O T L O P I R
F T P R V C Q K M F D O K S T P K D
Z K H L D T S Y E I X N S B M S N E
A D Y E A K F L F N V L Z U Q F I R
Q U B Z A K S E P S O I N T J A G S
O A R P W T R T P U V G C H M L L H
H M O Y C J E P H W A H B E Q C T E
V I W I H Z V A D M X T N V Z O R W
E I N Q E X W F M A E I V Y T N I R
Z Y T H J Z E M H M Q N S D G C D O
V U S X J R B B W D C G N R P R E T
S Q W Y D T H E E Q U A L I Z E R E
M A X H E A D R O O M I C R I S F B
C A G N E Y A N D L A C E Y P T E D
```

- Cagney and Lacey
- Falcon Crest
- Knight Rider
- Magnum P.I.
- Max Headroom
- Miami Vice
- Moonlighting
- Murder, She Wrote
- Murphy Brown
- Remington Steele
- The A-Team
- The Equalizer

THE TRAGIC "27 CLUB"

```
J E A N M I C H E L B A S Q U I A T
A R L E S T E R C H R I S T I A N B
O B H V W P E P R H L S Q D X K C O
P Q B R Z G N F I U N T B J U U A J
R O C K I N R O B I N R O B E R T S
C Z K R H J N M V C H X T J T M Q
X T P W R S B L Q T R T H Y O C A F
X Y L J B G E R Z J T D U E O O L B
R A C P I B D L I E T P B B F B C K
U U B V E M P T R A A M I T R A O X
D C R S F N M M S C N V P C U I L O
D W S H A Z C O M O Z J D J D N M A
L E S L I E H A R V E Y O U Y W H S
J A Y D H X V C K R M D Y N L V A N
S P M O O D U C B I I U X X E H L G
D M A D K C X C H L B S W S W S E I
J A N I S J O P L I N S O U I A I F
A M Y W I N E H O U S E Q N S Q N T
```

- Amy Winehouse
- Arlester Christian
- Brian Jones
- Janis Joplin
- Jean-Michel Basquiat
- Jesse Belvin
- Jim Morrison
- Kurt Cobain
- Leslie Harvey
- Malcolm Hale
- Rockin' Robin Roberts
- Rudy Lewis

ASTRONOMY LESSON

```
C E L E S T I A L M E C H A N I C S
L D S L C L S A C C N O E B J K O F
R X I Q I I V K R O X A R F S T A Z
A O I F A B H B I S Z O U D P B L D
D S Z U U J X D X M K P P T C D A P
A A T C I P A L I O M B R G I M Q Y
R S A R Q R Z U A L P B R Z T C R P
B T C N O C Z X H O Q K G T H T A D
X R K B H N G G X G R A D R E M A L
D O Z T R C A T D Y T D H M O I S X
W P F X P O J U S J H I O K R E T L
K H X P W S M J T R O N S S E Y R R
Y Y I T R M Q H U I O N J H T Q O K
Y S X Y P O G E K R C C Z L I S M W
Z I F C O G U E H K J S W C C P E G
A C J Q P O F C S P E N V D A S T O
P S P L A N E T O L O G Y A L U R X
F C Q I B Y T N U M F Q Z G M X Y E
```

- Astrometry
- Astronautics
- Astrophysics
- Celestial Mechanics
- Chronometry
- Cosmogony
- Cosmology
- Nautical
- Planetology
- Radar
- Radio
- Theoretical

DENIM LESSON

```
T V T H L B C J A H Q E A Y I G J A
F E L L E D S E A M U T W I L L T C
L S M X A T N R H X N T V V H E N D
I C Q J J Z B C O Q H P M J V F G T
G E O G C J C I L G C S U I L K F B
H I Y E M S Z Z I M N U R U E E A X
T J Z C B L U E P O G H V G W A A C
W F G N Q G W D T E Y R D D W R A W
E G O O H D O T S W M E N W L U X O
I A G G I V U S O C V A Y K H H H L
G B N M H B M K T L P Y P S M J H A
H P R V K J S H E R L D Q R S U Y M
T D A N X E G S A T E P Z A P N M L
V U A D T X F W K S O T X K G G W N
T H Q K R S M M D N Q N C T J O O S
S E C D G B T G C I I P H H U P H B
H E A V Y W E I G H T O A X W Q Y J
R P V H V T O P S T I T C H I N G W
```

- Felled Seam
- Heavyweight
- Lightweight
- Midweight
- Raw
- Rivet
- Selvedge
- Shank Buttons
- Stretch
- Topstitching
- Twill
- Warp and Weft

1970s TV

```
T H E I N C R E D I B L E H U L K E
T Y S T A R S K Y A N D H U T C H G
E G J S E V X T Z K U G J Z A L G B
A L L I N T H E F A M I L Y S F D M
R J X K S G J V M H V N A R P F B I
U L P A K N I B A R U M T W H Q T A
S G E T H E B I O N I C W O M A N X
J G W U V S J M W T V F W N N X A L
H B O F X T Q G O R B R R D Y G Y N
M A R Y T Y L E R M O O R E U R O N
K P P P U T H E J E F F E R S O N S
R A P P Q A B D Z A D K A W T F Z J
Y D K N Y N W Q P L U A O O M E S R
E Q R T F D T C I O B M U M L A N O
I U B O A H A K C C X E H A B I S I
X S O R V C M Y E Q X J Z N H Y Z H
B C H A R L I E S A N G E L S H W Z
L A V E R N E A N D S H I R L E Y D
```

- All in the Family
- Charlie's Angels
- Happy Days
- Laverne and Shirley
- MASH
- Mary Tyler Moore
- Maude
- Starsky and Hutch
- The Bionic Woman
- The Incredible Hulk
- The Jeffersons
- Wonder Woman

TALL MOUNTAINS

```
L S M G M W L A I P B K R Q W L K L
A Z F D A Y F B B A F S M I V O F U
F B N P G V W B W K H Q D S G O B G
X V S A M O U N T E V E R E S T F Y
R L R C B D O C A X E A V L G R Z X
D H J K K C D N S Z I M V H F R N B
T A K L S J R U U L X N E O Z M Z X
O R K H I U J Y K B S B D T N B F P
E G G D P Y O X Z R R K S K O Y Z
M B M A M O Y W M O T O G E S T E W
A I N S H X A S X P K N A G M U O M
N N T C R U Y Q T O D E X D L N J Q
A K A N G C H E N J U N G A P R N X
S E O S A F W W P N N P K M M E H H
L D H A U L A G I R I A J M K P A F
U G A S H E R B R U M U Q E L M J K
E Q S A V Y N N A N G A P A R B A T
S H I S H A P A N G M A V Q D Q X T
```

- Annapurna
- Broad Peak
- Cho Oyu
- Dhaulagiri
- Gasherbrum
- Kangchenjunga
- Lhotse
- Makalu
- Manaslu
- Mount Everest
- Nanga Parbat
- Shishapangma

PEARL BUCK NOVELS

```
T H E L I V I N G R E E D I I N L L
K X A Z W X I M K R X B U G A Q E K
F L S H M J Y Q A M U Y W M O D T P
I D T S R G C Z M N K P O G A T T P
I K W W U M I Q O S D W B C H V E V
P S I Y X P O P A Q L A N X O L R D
M O N U A B A N V A K P L I U M F T
X Y D B G K I S I M B I V A S L R H
J S W A S H T R V P C W T T E G O E
L I E N C E E D N Y X J H H D G M G
Q Q S P W P Y P D S W M E E I O P O
N S T V M W R A Q A B R M P V K E O
K Z W I R U Y B J O U Q O R I O K D
C A I W N S Q N R D C D T O D H I E
I U N J I Z O M I J V A H M E A N A
C G D X V Y A U S Q P O E I D B G R
W D R A G O N S E E D S R S U M D T
T H E H I D D E N F L O W E R T F H
```

- A House Divided
- China Sky
- Dragon Seed
- East Wind: West Wind
- Imperial Woman
- Letter from Peking
- Mandala
- The Good Earth
- The Hidden Flower
- The Living Reed
- The Mother
- The Promise

BOND VILLAINS

```
V O N H A M M E R S T E I N B U P X
G V L T P A U I K O O W X E D R Q P
I B M O I C S Z Q N Y J L G E W U K
E S I I N Y O D S I V K G G O O Q U
M I L V R U K U N B A H N H W V D F
V R T U B L I X O S T I O K K K Z X
A H O Y L L S E O G F K O U X Z B Z
L U N R U P Z R L D X R O W F K V P
D G K J L E M I L I O L A R G O U M
O O R F E Z L O V O Z O S V J N L U
R D E X C C G C T R N D U R L P T P
V R S Z H C J X W M L A Q U L J R H
E A T P I Y Y I N H Y F A D F A I J
N X R R F G Q W R H M S F Q R I G X
D F U K F A Z I N L M R B I G G G Y
G A L M R S A N G U I N E T T I E C
G S I B E W O C K O W G D O X N R U
E R N S T S T A V R O B L O F E L D
```

- Auric Goldfinger
- Dr Julius No
- Emilio Largo
- Ernst Stavro Blofeld
- Le Chiffre
- Milton Krest
- Mr. Big
- Mr. Sanguinetti
- Rosa Kleb
- Sir Hugo Drax
- Trigger
- Von Hammerstein

WWE SUPERSTARS

```
H Z H X D V P A A I P I K X P U A A
O N U U L Q Q U T M N M N A L S N W
N V X M L U V Y F A N Q I Z U E D O
K V A L S K J K X C J V D N C T R U
Y T O O Y R H G C H I L N N K X E M
T H M M G U G O X O Y G H F R X T B
O E M H U H L K G M Q O E I Z K H Z
N U J E Q H C I C A J J A Q C F E E
K N M D K O Z Z A N L L R O P G E E
M D M V R W R C V S F O P O U L I Q
A E X E T T T W C K U S E D W V A D
N R H C E U P D C L X T U D U D N L
L T L T E D D I B I A S E Y D X T X
A A J L U X R Q N W F K P G K Z J
Q K I R O N S H E I K U K I A Z H W
R E Y M Y S T E R I O T E P I E M K
U R E A Y W T V G Q E N G E B X T U
V J V G E O D Z M F R V T R Y G D B
```

- Andre the Giant
- Honky Tonk Man
- Hulk Hogan
- Iron Sheik
- John Cena
- Macho Man
- Rey Mysterio
- Rick Flair
- Roddy Piper
- Ted DiBiase
- The Rock
- The Undertaker

1990s TV

```
T A L E S F R O M T H E C R Y P T N
M X Y L H C Y M K S L A P Y L K I O
X S T E K L H A V N D Y E D X L B L
C A R Z G D B D F M Z F V J X S C R
O R D E B Z Q A N E W S R A D I O Z
S L L H U M H B C S E B J G T L K P
J K G T Y H N O B V E J Z I Y K J O
J L G Q G Q S U F E R A R U A S Z W
I J S W Y C R T Q A I C B N M T D E
Z O H D I E K Y C C E Q M S R A Y R
P K M Y I N T O I H I M G I E L Q R
O K H S I R G U T B N N F D N K Z A
R N A I K C T S N Z D W I O E I C N
W R J M M T H E X F I L E S G N U G
F N U Q C A W V J L A N B K A G F E
V Y U F J F H X H U N Q X E D S B R
K R S O G Q S R B X A Y A K E V L S
A M E R I C A N G O T H I C M A H R
```

- American Gothic
- Eerie Indiana
- Frasier
- Mad About You
- News Radio
- Power Rangers
- Renegade
- Silk Stalkings
- Tales From the Crypt
- The Critic
- The X-Files
- Wings

EVIL MDs

```
L I N D A B H A Z Z A R D W S E T M
D K T A E D M L M R V Y M G L R Z B
X P Q F X U J A O D F D N E U J C H
Q A A K Q X O Z R D P A G B R O S U
J O U I K G W N Q C M N C E G H B O
H L W P Q K G X E P E S B R R N M D
I O A G Q V L H I M E L E Z B B Q X
U M L G R K K H F M O B P W U O E Z
O A T A G K S E A B U S H E V D L J
M C E U T D S J S A T H X D T K U T
A C R M L O P I L T M I G B T I N S
J H F O J D R C X N P R U H Y N O K
B I R P O R L L M G E O Q B V A M T
G A E M O R J V K T O I A O T D A N
H R E M A C W S C Z K S U E G A V A
J I M C H O N T E R R H X I A M F H
Q N A Y C N J B V N B I L R V S C R
F I N E J O H N R B R I N K L E Y P
```

- Carl Clauberg
- Harold Shipman
- James C. Burt
- John Bodkin Adams
- John R. Brinkley
- Josef Mengele
- Linda B. Hazzard
- Marcel Petiot
- Morris Bolber
- Paolo Macchiarini
- Shiro Ishii
- Walter Freeman

PRIMATES

```
O X X N P Z C A P C M L K W D O P S
B G V K J J Z M P K H B S E S S X W
R A F N K N M C H I M P A N Z E E S
X V B T G O R I L L A S G Y O F T L
M I Z O M W T Y E O G A G U A H A C
R C H O O T B T V W T K E I L V R A
Q C Y W X N X O R A N G U T A N S U
N D L T G F S M U E D W A G U W I J
S L E G R M J E W W M V D F A K E L
K U U C F E Y T M A T Q V A X C R A
W A C X R A E F B G D I M A C A S X
Z Q A R E A S K E R L K M P N D G
A I A Y O T S C H U M A N S Q E Y A
B B A O N R N J F R R H U P D N L L
Z M W C U D R D T C E H P V C T D A
M A R M O S E T S O I W P M L F T G
F M E X U T B M G Q M I S V O Y M O
K L T B I Y F L T A M A R I N S L S
```

- Aye-aye
- Baboons
- Chimpanzees
- Galagos
- Gorillas
- Humans
- Lemurs
- Marmosets
- Orangutans
- Tamarins
- Tarsiers
- Tree Shrews

BEFORE COLUMBUS

```
T R I P L E A L L I A N C E X J F W
Q W N U E O L R A M R I G C Q X Y L
O D K O Z J M F G D E A M W U K G C
K Z M M C W G T K X K M P D A J Q A
A L G O N K I A N A L L I A N C E D
J O W R J U K I A I Z V R A N W S D
F S B S I K M N Z W H I W S E U S O
K H A U D E N O S A U N E E T R I C
A O Q N A N I C S T E S G Y R O U O
G T Q I N Z J H H G U A R A N Í U N
Q Q F O C I T I A V M L H M D T W F
C A S A R A B E C U L T U R E D D E
P A S J R Z U F C V B U R Q B T A D
V Y R X F U L D P R Q Q L Q V J L E
E C E I L D E O N U C M K I O A E R
T Q D K B D C M V F X O D U Z X G A
R T A R A S C A N E M P I R E Z K C
K K V H B T A W A N T I N S U Y U Y
```

- Algonkian Alliance
- Aztec
- Caddo Confederacy
- Caribs
- Casarabe Culture
- Guaraní
- Haudenosaunee
- Rapa Nui
- Taino Chiefdom
- Tarascan Empire
- Tawantinsuyu
- Triple Alliance

BIOLOGY

```
U T A Q T L K X I V H W E X F Y B A
U A U X M B A L S S B J V Q P M Q B
R B T P E A Z B C H D E G A F H S P
A Y O R H U J G U F L S R E X S M A
G U I C E B K T Y W Q E R S N K H U
S I M R S S C A C E H J G A E O L B
T V M I V Q P G R T M T V C K R M S
I C U S X I P I E Y G L Q X S W U E
W Z N P J G R N R R O H Q D H R H J
D M I R B M E E A A C T N F Q Q E A
B H T Y Q G N W C A T F E M C I S Q
K H Y C Y O M S N W W O X E Y I T B
C H R O M O S O M E G P R A S K E V
I J U R Z I P R N Q D L J Y U Q M Y
B P O J R P L A C E B O E F F E C T
C H O L E S T E R O L G N B J G E O
W T I A O D M P K Z E L R J N W L V
A M I N O A C I D V R I E N K X L M
```

- Amino Acid
- Autoimmunity
- CRISPR
- Cholesterol
- Chromosome
- Eukaryote
- Gene Therapy
- Genome
- Hormone
- Placebo Effect
- Respiratory
- Stem Cell

ACTOR-POLITICIANS

```
C Y N T H I A N I X O N Y O E U J C
R F M R S S L O E U N Z R A W G A H
G I L D O C F S H E I L A K U E H L
Z K C R N N R L C Q D G R D H R F R
H G Q Q N H A D J W Z E O P K B G O
J B G N Y K N C O U G O I S A G I N
O O E I B K K D A N W T N X J I Q A
H F J Z O P E K I T J I B A N N K L
N J Q D N B N R S Z P M W U A P D D
G K T N O G P A G W S B O W M F W R
A X B J D S E W T L C D H S S Z F E
V I R C Y T L G O J U K W D G C Y A
I B Y R N F R E D T H O M P S O N G
N I R I M F Q P Y Q H M F R H V Z A
H E L E N G D O U G L A S L B U E N
J C G R I U O P H X K A L P E N N D
S C H W A R Z E N E G G E R C A S O
S S M P H A K K H W A Z V M U A N V
```

- Al Franken
- Clint Eastwood
- Cynthia Nixon
- Fred Thompson
- Helen G. Douglas
- Jerry Springer
- John Gavin
- Kal Penn
- Ronald Reagan
- Schwarzenegger
- Sheila Kuehl
- Sonny Bono

ECOLOGY BRANCHES

```
E W X F M C F H N V Z Y G S D Y V R
A Z I W G L L H X J G P A L L H W F
L G V S D Q Q K L O H A I J W J I U
A O Z D N Y Q P L V T N T D A I P P
N Q L S M L B O U W I D S A O Y B Y
D K M Q C R C P E R C X H N X E T S
S Y E L M E T X F F B R B A S I P X
C B M G O G D M X W H A B S N N H D
A J O E C E N L I C K T N U E G R N
P C L B I O G E O C H E M I S T R Y
E A S L K X I D R N R M V X D J D W
P I P P L K O T O M O O Z D B O X O
F P K X L E R C E C S V B Y E F I F
A Y Q I N X W B Z F O G U I T G U F
G X O I I P G U H G Z D V A A K X
R S R C O N S E R V A T I O N L O C
V A E C O P H Y S I O L O G Y J M U
M P O P U L A T I O N B I O L O G Y
```

- Applied
- Biogeochemistry
- Community
- Conservation
- Ecophysiology
- Landscape
- Marine
- Microbial
- Paleoecology
- Population Biology
- Soil
- Urban

MARINE CORPS RANKS

```
P R I V A T E F I R S T C L A S S B
F I R S T L I E U T E N A N T F L R
T V H C C N O O S Y U R B N P G I I
E K U M O G I A G Q O Y N B N U E G
W W V A C R E I S P H W M W P N U A
S G G J I R P C R Q Q V P A U N T D
E I O O E U C O I H P Q B R K E E I
R R F R X A C H R M H E P R K R N E
G S H G X E D Z Y A H S O A F Y A R
E X P E C E F S G J L O F N K S N G
A D Z N M P B L O F U F E T O E T E
N C A E G H E K X N J W V O V R G N
T L I R V N A N T V K V L F C G E E
M S L A O P M H G I W D L F G E N R
A P Z L B L Z Y G A S A W I P A E A
J J O J X G K Z Q Q L T Y C J N R L
O C F S S J O Q R N Y Q T E O T A Y
R P G I Y X C A P T A I N R Z L L Y
```

- Brigadier General
- Captain
- Colonel
- Corporal
- First Lieutenant
- Gunnery Sergeant
- Lance Corporal
- Lieutenant General
- Major General
- Private First Class
- Sergeant Major
- Warrant Officer

UN SECRETARY GENERAL

```
P B Q K R R J G V R B Y K M P T L O
E X E T I D T M D M X J I F Z F E Q
R A N T O N I O G U T E R R E S E K
E H X C A W O S H L H N H H O H G O
Z N H H Z A S Q L D T O A W D H X F
D U T S D E N H L J J M A A U Z K I
E U Y R E X N A B Y Y X Z Y I L F A
C W H K G C W R N N E Q D I D P V N
U E B O U T R O S G H A L I P V B N
E A F G R Z O E J K M X K O T X E A
L P A U R M C S T O H I X O L K O N
L Z K G I N V A T A P Y P G W D W P
A V P K F J Z H A E R J X C I V Y U
R R N U L D C N E X D I G R X P P H
J A A H N G H K F A B N A C H H J X
B G L A D W Y N J E B B O T H H T R
D A G H A M M A R S K J O L D S D I
O N S C E G L F P T R Y G V E L I E
```

- António Guterres
- Ban Ki-Moon
- Boutros-Ghali
- Chief Administrative
- Dag Hammarskjöld
- Gladwyn Jebb
- Kofi Annan
- Kurt Waldheim
- Pérez de Cuéllar
- Secretariat
- Trygve Lie
- U Thant

COLLECTORS

```
Y G W P O Z C S G F A L E R I S T S
N U M I S M A T I S T S Z J K D W O
V Q P K F F Z P E B Y M I A A I R R
J V F M C E S L L X D H L V R S E T
O M X L Q P I N H K F Z P X E C A M
H Q D Y Y H K B O I G O Z T K O H Y
Y Z W F P E A M D V K M O A E P F M
K L S A T M I B N K J N W O T H P P
E D T H E E K H E E W P N M R I S A
Q O D C X R B I B L I O P H I L E S
N T L X O I N T A S E T H L N E U U
Z R V O N S O H U O Y Y I K G S K L
E S Q U U T H M K G A E P B E G M P
Z P S A M S L X T U U W U Z R E P R
D E L T I O L O G I S T S R S Y Y N
S R B F S L I P O T T E R H E A D S
N Q Q P T P H I L A T E L I S T S J
X L X V S A R C T O P H I L E S J H
```

- Arctophiles
- Bibliophiles
- Deltiologists
- Discophiles
- Ephemerists
- Exonumists
- Falerists
- Notaphiles
- Numismatists
- Philatelists
- Potterheads
- Ringers

PHYSICS

```
A K R G A G U U G Z D V K Y P W J P
B Z Z W U V U M H J D Z R P A I R T
S B C T G N D N L D C O C F F O C B
O I C H C F A V U Q E A F L Z I U F
L F M P O A R L A H W N D U Z M S G
U Q M O R T K E T C G T L O X G T P
T W J D N O E G Y J Y I J R F D A D
E F X C C M N U Y G X M P E Z D N I
Z V R G B I E B F P Q A I S M Q D L
E L L P R C R H L L D T E C A Q A M
R U Q T T M G V R H N T L E H X R H
O J S M H A Y A M N X E E N B O D F
M W Z H O S V J S F G R C C W H M Q
E H I G G S B O S O N F T E K S O X
V D R E L A T I V I T Y R P A W D O
F W H F P Z E W V I K X O I S B E G
Z U Z G A G G K J B A B N B O M L Y
D O P P L E R E F F E C T F B H V A
```

- Absolute Zero
- Antimatter
- Atomic Mass
- Dark Energy
- Doppler Effect
- Electron
- Fluorescence
- Higgs Boson
- Particle Accelerator
- Relativity
- Standard Model
- String Theory

JOHN DENVER SONGS

```
L C I K Z K E F Q F C U K N S U S X
L E E C J X G D L J T P X S Z D N D
O C A H T O I E A Y G S F K A I K R
O R Q V X S U D D V A G S O A K F E
K H H P I F F U J G M W R G Q P G A
I G V K B N H Z N D K Y A W B U O M
N B H H D H G O S U R E A Y P N O L
G H T Z Z S O X T M I Q X I Y D A
F J S F R S M C N O G W U Q M Q B N
O C F J E S I U H A Z O G P S T Y D
R K J I I C O K O E J W V F O B E E
S O N U G C C F H G E E H I R F A X
P N K I J A Y C Q M X X T G R D G P
A G E R B O U B M O H A Q P Y Q A R
C X N Q C I O M K R A D D A L P I E
E S W E E T S U R R E N D E R A N S
W I L D M O N T A N A S K I E S N S
R O C K Y M O U N T A I N H I G H E
```

- Annie's Song
- Back Home Again
- Country Roads
- Dreamland Express
- Fly Away
- Goodbye Again
- I'm Sorry
- Leaving on a Jet Plane
- Looking for Space
- Rocky Mountain High
- Sweet Surrender
- Wild Montana Skies

65TH GRAMMY AWARDS

```
T R E V O R N O A H L B Z T E M E B
O D R Z V P M Z F P E Z N M L A D F
D H Z G H S N Z Z L G Y I G B V J P
C I F E U B I H G U Y T V E N E M O
L N P M N H M F Y K N F A B H R D M
Z M I S V W X N Y M R V E A T I I U
R E V P E G F E A J E M E D R C R X
W T M H R D F D V B J N B M K D K
C R D R A M T O T O A L M U O C W S
U T W F N U T W Y N I D C N A I S S
N B V V O J G S K N S C T N R T A T
Y P C B S X A F R I S K Y Y L Y M B
X Q A W I E Q F D E A T N R N R M A E
N Z P V N W N F T R N Y O I O U R Y
R H L T T W P O I A C L D R P S A O
J A Z H I I B H C I E Q P N F I J N
Q U T U N S W V J T S K E T M C O C
C G Y H A R R Y S T Y L E S B P Y E
```

- "About Damn Time"
- Bad Bunny
- Beyoncé
- Bonnie Raitt
- "Easy On Me"
- Harry Styles
- Lizzo
- Maverick City Music
- *Renaissance*
- Samara Joy
- Trevor Noah
- "Un Verano Sin Ti"

THE FLASH ROGUES

```
C G O L D E N G L I D E R G F D G U
T A T C Z B T Y U S Q M L H D H E P
W C P Y D U A U V N X J Q O Q R O R
R A L T I E X K V F N K R U E T L E
I P O K A E F T S W D G J D F H M V
T T R L N I B G M T A G I I C E I E
Z A P D U P N D D L M A L A F T R R
Q I I A G Q Q C L R R Y B B S U R S
N N E J O C D I O W S A K R H R O E
Z B D Q I A R I O L V S C A T T R F
Z O P Q T O G B B J D O J K N L M L
S O I X G O N V H E A T W A V E A A
T M P B R I P V P K O R G D O C S S
Y E E W A Z G H W W I W P A H F T H
K R R R U D E I Y Q T W J B Y S E B
D A T H E T R I C K S T E R O Z R G
N N D K D K U W J T A K S A S Z A U
Y G I M Z Q O Z B K R C R Z A V J X
```

- Abra Kadabra
- Captain Boomerang
- Captain Cold
- Golden Glider
- Gorilla Grodd
- Heat Wave
- Mirror Master
- Pied Piper
- Rainbow Raider
- Reverse Flash
- The Trickster
- The Turtle

CELTIC HIERARCHY

```
N R X T F A E G J U P Z Z L J Q Y T
G F Y E U B I L R Q M K I N G B C D
X F I H O Q R T P N J U C O D O L N
E Z F Z I R J T P X D Q A B C Q B G
L V X P Y R U J P S U K G L G R G B
P E A S A N T Z Z U B T I E E I Z B
A F G T Z Y D S M W A S X N F G H L
L H W B Z L U L C Y R Y I O I P Z H
U U Y A T O Z A C L D A U K K K Y K
N R G R E Z D V O H T G C H Y M I W
E C P C G E R E H E I I Z B K R A B
R W J H P K U U R M Y E L H E I C Y
F F A D S R I X O U J Z F N H Z U S
Z F U R O O D O B S H J O T Z J J M
B T C U R I V O M D J M Q B A M H I
N G W I H I U Z B J M C W S O I R T
N E R D Y B O L B O I R O O X Z N H
G T H K I A G R C X W X Q M C C F F
```

- Arch-druid
- Bard
- Chieftain
- Commoner
- Druid
- King
- Noble
- Peasant
- Retainer
- Slave
- Smith
- Warrior

MOHS HARDNESS SCALE

```
F I N G E R N A I L D I A M O N D E
N I W L P Q T H Z F Q S S E M V T V
C Q W A O L N A E E O U Q E D I C G
L A C A M Q P B L X P G D S T C M P
B L I M V T T P N C Z X O A G C D H
M X I M Y B B Z Z S B U P X H K Y A
Z S B O I N Z L L R E A M L G F K I
V U N T M T I N G D R H Q Q Y U P R
O N T M R S E B T L E H L E P F H O
F B L A L B M T T W L F K F S G Q N
L I U U F V P N U F S L M G U T Z P
T Q B P U O N D J M C U F S M O I Y
O J X T G N L D V I D O Q D P P W R
M X Y R Y C P Z Y N W R M R O A W I
C A L C I T E D U G F I J Z I Z T T
F N D R X S Q R Q V H T C Y C S I E
C A U Y H T O M C K U E S A G C I W
O R T H O C L A S E F E L D S P A R
```

- Apatite
- Calcite
- Corundum
- Diamond
- Fingernail
- Fluorite
- Gypsum
- Iron Pyrite
- Orthoclase Feldspar
- Quartz
- Talc
- Topaz

LEFT ON THE MOON

```
S P A C E V E H I C L E S U B J B P
H P M Y A K F V Z G O L F B A L L S
O G E L V L O Q R Y B V V V Y D Y S J
E G R T Z Z F W W G A R J U V B R K
M J I W V G S S X H G H I U E G H E
A E C Q P F E E D H S D K H E M U E
K S A G Z A O L M Y O U G Q I Q T S
E V N D X L E W I E F K C F A O M B
R T F Y X C L Q R Y H G O L Q L I V
S U L K U O Y T E R U H P S M I R V
A T A M T N B N E J M L T R Q V R H
S Y G F Q F S M V U A V D P X E O R
H H S D X E M Y M I N E S S X B R Z
E V T O I A E G R F W R B T B R S Q
S A E G H T Z O I F A D M A T A A W
O O G G B H M K R M S G I G Y N D B
V U S J R E R L H Y T N E E N C X L
B X D D M R Z Q I N E V X S B H Z V
```

- American Flags
- Bags of Human Waste
- Buggies
- Falcon Feather
- Golf Balls
- Hammer
- Memorial Plaque
- Mirrors
- Olive Branch
- Shoemaker's Ashes
- Space Vehicles
- Stages

WORLD RELIGIONS

```
T I W A Y S A Z V T Q V E K C W S D
L S T Z V L L O O H I N D U I S M Y
R L S I K H I S M J C U X U A T V Z
Y A T O Q E Z K Q A Y N C O R R Q E
G M T U Z D T T K I N M M V D V K Y
V K Q G C T M O F N H S D Z D H R C
K V Q W Y A I W K I Z E B A H A I H
B H V Q C O Y J V S Q K F C Y C F R
A U G C M I L U P M I G J D Q Z D I
O B D B C S M D D C A O D A I S M S
R Z F D O M L A A J L X G M L M D T
X Q S H H Z Y I P J D L V Z J U I
A L F H I I O S N D O Y O Z U G N A
W F W P I J S M I J U Z F H A P Q N
Y J P K K N M M K T L I W U S P P I
Z O R O A S T R I A N I S M G A Z T
L B J E Z R V O F I Z F N A A S Y Y
P N A N N P X A L V K M C G E P F X
```

- Bahá'í
- Buddhism
- Caodaism
- Christianity
- Hinduism
- Islam
- Jainism
- Judaism
- Shinto
- Sikhism
- Taoism
- Zoroastrianism

BIGGEST POLLUTERS

```
S O U T H K O R E A N F N U R H D U
Y A S L E T F Z T P O C A N A D A R
I Q T U P Q X T J A Q A M I B N I C
L N E J M K U E X T I S R T I T Z Z
G K D O V P N B D B S Z E E O U S N
V D P O Z N Q U A F H V G D A O A A
N G I Q N W X R M Y K T A S K R L A
P X X C X E A S T A S X S T I U P N
W R Z G U I S F W L B X O A E S P G
G U Z L D P J I I W J U U T E S I Z
L M T U G P D A A J C O T E O I T Q
O H A X X Z Q W P K Y I H S Y A X X
J S I Q V Q P O A X N A V A O A W
T X U F I J E H X N D F X Q N O D
A L A N O N C L L X P I R O I H S K
L N B O P D W M Q Z E A I H J E X F
A O A E O C E S C R G I C O J W S G
Y K F W Z U E Q G E R M A N Y A N R
```

- Canada
- China
- Germany
- India
- Indonesia
- Iran
- Japan
- Russia
- Saudi Arabia
- South Africa
- South Korea
- United States

SECRETARIES OF ENERGY

```
W V J O H N S H E R R I N G T O N P
S S P E N C E R A B R A H A M O X U
R S Q E P A Q H G W M C E Z S D M X
T S L Y E W P D L D P G R D G A L V
C Q V L X C P M O O Q O R F A N J H
E O Z T M O X B J M H A V E V B J J
Z S B Q J O W C V M H F X D X R E A
G X T O T L B Y Y C Q N X E Z O R M
R H S E E Z B R I Y I S M R K U N E
H Q X U V K R R C M O Z F I D I E S
I U M K I E L N O M O D J C F L S D
V A M O P L N L U D T K G O R L T W
S K E K I T B C C D X L M F T E M A
G H C B D I A F H H T W N P G T O T
T I Z V E P W B B U T J U E X T N K
R O N O U Z M H A Z T A A N K E I I
R H N L H A Z E L R O L E A R Y Z N
J E N N I F E R G R A N H O L M L S
```

- Bill Richardson
- Dan Brouillette
- Ernest Moniz
- Federico F. Peña
- Hazel R. O'Leary
- James D. Watkins
- Jennifer Granholm
- John S. Herrington
- Rick Perry
- Samuel W. Bodman
- Spencer Abraham
- Steven Chu

PAULINE EPISTLES

```
S E C O N D C O R I N T H I A N S Z
T W F P W T I Y O M B S D T I T U S
H W P I N J H S J I N L V H S T A F
E M L X R T I K I A F F C J S N T D
S F K U O S A I M O E M E Q X F S E
S H D M R O T O T S E O S A A N L P
A N I O L S R C N P P C W P A D Q H
L T K U S M Z A O Y G M L I J M B E
O J I V S V I A S R V Z P G T J T S
N L N D M S W R G G I P H Q J O E I
I I Y A S F Y A P A I N E L T Y L A
A Q B O X P K R L L Q T V Z R C N
N L L J I A G A I Q K A P H O N Y S
S O G X F R W H L H D D T E I G J P
C D Y V R Q P Y E I I R J I T A A O
B X F D P F U W M E G M T E A E N T
H E B R E W S Z O C U U D P G N L S
A R T B Y I O H N X G F O N V Y S M
```

- Colossians
- Ephesians
- First Corinthians
- Galatians
- Hebrews
- Philemon
- Philippians
- Romans
- Second Corinthians
- Thessalonians
- Timothy
- Titus

REAL-LIFE SPIES

```
S I R A N T H O N Y S T A N D E N Z
C R G O B C E D X S L P I E T R A H
H V M O E B E R G U Y I R Q L Z R M
R M W W N G X S N D G D J T D C P D
I Q G X J Q J U F B N B Y L N A X N
S H Z N A U O F M A N T I O N V R A
T K H U M Z C C N F A H T A S N K L
I I M N I W K H G G C R E I E F I F
A A F X N I O K O A E V T H G D M R
A F F H T J U Z I K C E O R Q E P E
N J J R A P G L N T N C O J K Z H D
S L B G L G U I T I I J L E B Q I R
N H X B L J P T F L O G B E P Q L E
O P Q S M N R P E B J E R O C U B D
U C X I A E A M F N S Y C M T S Y L
C B O L D E X A S B T T G T Q P D S
K L A F G K L C R K M A T A H A R I
F R E D E R I C K J D U Q U E S N E
```

- Alan Pinkerton
- Alfred Redl
- Robert Townsend
- Christiaan Snouck
- Eli Cohen
- Frederick J. Duquesne
- John André
- Abraham Woodhull
- Kim Philby
- Mata Hari
- Moe Berg
- Sir Anthony Standen

CONTROVERSIAL NOBEL LAUREATES

```
R I G O B E R T A M E N C H U H C C
F Q O F X D F F M N H A N I D E F L
X X K X Z J K C U E C A L T C N P P
C C G O C W C S N T L C G T G R A O
Z I K V X T M C X Y U U A B R Y B I
Y Z N Q Y A M H D Y C D M A E K L R
L A A I H H J B T A A X E R N I O C
C O X T J V O Q K S P X N A E S N O
Y N U J V B I X R S N N A C P S E R
X N I L B B N A O E M W C K R I R D
K Z H U R I W K B R E B H O U N U E
C A X M G N W Q E A R V E B D G D L
C S R A A I D E R R U A M A H E A L
M L V L T N T U T A U B B M O R P H
W U T C C M Y R K F W T E A M N E U
F F W N O C I D O A W P G Q M O O L
D E E P O Z B E C T V U I S E J Z L
F E M D W Q D B H C O U N G N H H X
```

- Anwar Sadat
- Barack Obama
- Bob Dylan
- Cordell Hull
- Henry Kissinger
- Knut Hamsun
- Menachem Begin
- Pablo Neruda
- Rene Prudhomme
- Rigoberta Menchú
- Robert Koch
- Yasser Arafat

HOLLYWOOD PIONEERS

```
Y V L J W N L K K R P W G R W B T O
M H Y O O E Q H E R E H R F O Q U J
U P M T U K F N A O P M Z C I P Y G
N C T M A I R O L R X Q Z A E L R U
A B W J K A S S V H R P U R H E I D
Y J B I W X U B F R X Y Q L B Q J A
Q K E K G C G X M O O R W L E U N V
P L C S R V R D F A E M A A D T K I
G A D A S T Y M M N Y H H E R X Y D
J O M W O E A Y R A T E J M J N F S
H J S E W I L A F G R O R M V Z E A
A R X I L J W L N U X T Y L H B U R
M V Y L E T V I A M U B I E F J U N
R U I T R B V M C S D W B N C U I O
U W T E L R L S D Z K I S P B V A F
Z G B F I B U N U G E Y P Z Z E C F
O L H X C Y Z E C V R A T L M Q C Z
A D O L P H Z U K O R M M O K N B K
```

- Adolph Zukor
- Albert Warner
- Carl Laemmle
- David Sarnoff
- Harry Warner
- Irving Thalberg
- Jack Warner
- Jesse L. Lasky
- Louis B. Mayer
- Marcus Loew
- Martin Beck
- William Fox

LONG-RUNNING WORLD TV

```
M E E T T H E P R E S S S P D V W I
R M O Q T O G J I J K P F I U L S K
L B V Q E N D V G N O T P N R F A P
U A X E I C I U F P T V O A P S Z Y
J P E H B T Z D E W A Q S P K M A C
S L E T F U P H C Q T N D L G H E E
A W O T P Y T Z L T O I G R E E S J
B N C L S F G H H N R X K N W Y A L
A N J P O X M U V G T H A Y R H N R
D D O P Z E V E N I N G N E W S O U
O I O X I B Q B V S E E U U J Q K N
G T I T I W E H I P M N U P M Y P W
I A V G E N E R A L H O S P I T A L
G E S J U N C L A N W C K F Z F P E
A O G I O N L E L P Y E H E C M R B
N C O R O N A T I O N S T R E E T I
T H E T O N I G H T S H O W N F M A
E Q Y V L Y G Z L H S G F U Q G N U
```

- Coronation Street
- Dr. Who
- Evening News
- General Hospital
- Gunsmoke
- Meet the Press
- Sábado Gigante
- Sazae-san
- Tatort
- The Tonight Show
- Top Gear
- Top of the Pops

BASEBALL HISTORY

```
N O U B U Q Z H M Q C P F E R H R J
Q Z N F N C T K K A L L I K E Y C A
P O F J F U F S Z G Y A Y U U P F C
A B N E R D O U B L E D A Y C L U K
N S Z E J L O I V F I U J T S Q T I
B H B N E W Y O R K Y A N K E E S E
G A M W A Y D T O L V X V E D I Z R
B O Q Z T L U X L C O P Q T A L M O
G N U I K F L M L D J U A G F Y Z B
F Y Q K Y T T L I H B S G C U E M I
P O Q R O L L I E F I N G E R S H N
U I F R K E J D H F T N F I H P N S
X Q J L X V A O E Y Z R O N G R B O
V A O A Y Q E U M C Y Y O U N G I N
B L A C K S O X S C A N D A L R B G
N L O S A N G E L E S D O D G E R S
D E D D I E G A E D E L H G P Q Y R
I S W R I G L E Y S T A D I U M K L
```

- Abner Doubleday
- Babe Ruth
- Black Sox Scandal
- Cy Young
- Eddie Gaedel
- Jackie Robinson
- Los Angeles Dodgers
- Lou Gehrig
- New York Yankees
- Rollie Fingers
- Rollie Hemsley
- Wrigley Stadium

DE PALMA FILMS

```
C T T T F E M M E F A T A L E L T R
A H H R E L M G O H O F N X E L E A
R E E P A H I M V V O G M Q D L T Z
L B U R E I S S B V F H Y A B V C J
I L N Q C S S U K W S O B U Z U A D
T A T Q F X I I T I C C O C Q M R J
O C O F D Y O Z N R B D D U E J R A
S K U Z A I N I V G Y U R O N L I N
W D C F K C I Z F D C W C T O G E R
A A H B U R M T O N G A U L Y D T Y
Y H A I R I P B O F L O I Q R Z P O
E L B D C C O I D H W N C N W S W R
G I L D Q E S D J O V C Y A H T Y G
V A E Q A S S M L N S C A R F A C E
X Q S M E D I B K Y K U U I C F E L
S G T S G O B H J X Q K Q F V X D G
Q F B H O X L B C M J I N K F Q H B
C O T G D R E S S E D T O K I L L E
```

- Blow Out
- Body Double
- Carlito's Way
- Carrie
- Dressed to Kill
- Femme Fatale
- Mission: Impossible
- Obsession
- Raising Cain
- Scarface
- The Black Dahlia
- The Untouchables

GAME INVENTORS

```
C E K W L F A T G I M J I O M A W L
H P J I Q F Q B R P S J F S W H C K
U H X L Q S U G J E T N V A N D G Z
C R C L E X U D N A F O G I V W B Y
K A P I A N T H O N Y E P R A T T B
K I W A T J G N K K S Y Q L O O W M
E M G M D C T I E A K B R E J K I E
N H G H B E B T H H T D Z R S X G R
N E A S M M G O J C N S E N O Q Y L
E R R T N E R I A U X M F O B K D E
D T Y O P O Y W L T A J T R U U F R
Y Z G R G W C E I Q R G I U Z X X O
V A Y E G L C F J G Q S L B G H B B
C N G Y U U X G T T N P E I H X C B
X O A D R E J W K X V S H K J H G I
I H X B E R N A R D T A V I T I A N
M O R D E C A I M E I R O W I T Z S
K E N N E T H J O H N S O N K I G A
```

- Anthony E. Pratt
- Bernard Tavitian
- Bruce Lund
- Chuck Kennedy
- Ephraim Hertzano
- Erno Rubik
- Gary Gygax
- Goro Hasegawa
- Kenneth Johnson
- Merle Robbins
- Mordecai Meirowitz
- William H. Storey

SPIDER-MAN ENEMIES

```
J Q Q E N T Z X F Q A C R R B M P C
N T V A A D S O P Z L A N H P W M P
K B Z Q J B G J T H E V U L T U R E
T C A L D S V V H V N J C P M R C A
H X C B B X N X H H Y O W D O V A C
E W J X U I F O Q N N S B O X G F K
G Z G B V K P K O H N V S C D I W P
R E G N Z F X I J K Y U A T J K J C
E O Y B M P P S M O I D M O G O I T
E X F R Y R S F O B I S R R W X J H
N X W Q O M H W R O P V Q O K T V E
G O I C Z P E O L G B Z U C M I X L
O X S V X E M H U D Z B J T C A P I
B A V Y H J W D N C R E H O C C N Z
L B E L E C T R O D C U O P V C H A
I T H E H O B G O B L I N U P H J R
N Y T Z S A N D M A N O G S A L V D
T J K R A V E N T H E H U N T E R M
```

- Doctor Octopus
- Electro
- Hydro-Man
- Kraven the Hunter
- Morbius
- Morlun
- Sandman
- Scorpion
- The Green Goblin
- The Hobgoblin
- The Lizard
- The Vulture

BASEBALL MOVIES

```
P R I D E O F T H E Y A N K E E S A
A J I N V I Z K S M E C I U O B L L
X V I Q Y T S V Y U L F O Z J L T E
T H E B A B E V G L S K K B A Z H A
I N Y V B X I A A A A C K B B N E G
K B S N P X E B T E Z J Y F Q R N U
V S N B S L E K G A S E B I Y N A E
M V R C R S A X H C N T U E N L T O
O O C O A P C Z X O O L L V F U F I
H D J B G O X T M L F Q L D A K R T
F A R M U T B F D M S B D O I A A H
M M O T S B L N C F U S U F M B L E
D W V W F T A D D Z O N R D S T D I
C L Q H G S Z A K H Z C H R U I N R
B A D N E W S B E A R S A E S Z T O
N H Q H H K M P T F A W M A K J W W
B C T B K L Z J K Z X N I M E M R N
D M Q P E G Q M R M L O L S C H C B
```

- A League of Their Own
- Bad News Bears
- Bull Durham
- Cobb
- Field of Dreams
- Major League
- Moneyball
- Mr. Baseball
- Pride of the Yankees
- The Babe
- The Natural
- The Sandlot

HORROR AUTHORS

```
W H I T L E Y S T R I E B E R F U L
B P G Y Z Z E Z L F R E V Y O D K Z
S Q F K G X T N P J P P J T P V S F
C J W U S R H V Y N Z S D V V K S G
T D H G L T T O E V W W Z C I W C O
H O R A C I O Q U I R O G A C X B T
S P Y J J T G R A D Y H E N D R I X
T A D A Y J O M M W K A E D H N J N
E B Y C E V C R C N P J S R X F Y T
P I Q K W B R A M S T O K E R F R U
H D Y K U H Q L M Z E Z B W Y X N Z
E C X E W V C A D D T C K S O J E Q
N J B T Y J U L P I A N N E R I C E
K R I C H A R D M A T H E S O N J P
I T C H R I S M A R T I N D A L E D
N S F U H D Q B E H Q B H A L K J O
G U P M H O R A C E W A L P O L E X
G R E G O R Y A D O U G L A S Y W D
```

- Anne Rice
- Bram Stoker
- Grady Hendrix
- Gregory A. Douglas
- Horace Walpole
- Horacio Quiroga
- Jack Ketchum
- Richard Matheson
- Stephen King
- T. Chris Martindale
- V. C. Andrews
- Whitley Strieber

PSYCHOLOGY BRANCHES

```
C O M P A R A T I V E E E F W V G O
P K J P F M B G L M V V O B F L F U
G H U X B H G A R I A Z Z N D Q T T
W D G X T V U N T V P P S I Z P N U
B C R V Q E T A W R C H P S X Y A N
M P D H Y S T G U W N H Z L O Q B G
P S Y C H I A T R Y T I I U I O S G
I Z O B T L O B O T Z P I L Q E N B
X B L N Q L O T H B O E O M D I D I
C U A U D X L B C P R R P A L L T N
I U G E U H O Q B L U S Z E R T F D
Q C O G N I T I V E I O S L A X C U
S M P P O N R P C Y M N W S H C X S
C Q S K S J B U B E U N I C S Z V T
N C R C Z Y A Q E O O E P C D X M R
K K C N W G G H C L A L R O A J B I
D E V E L O P M E N T A L O P L U A
E X P E R I M E N T A L C J L M F L
```

- Applied
- Child
- Clinical
- Cognitive
- Comparative
- Counseling
- Developmental
- Experimental
- Industrial
- Personnel
- Psychiatry
- Quantitative

"WEIRD AL" SONGS

```
L V F O N W H I T E A N D N E R D Y
Z P E X I L O V E R O C K Y R O A D
H T F R W X W L S E R E F R P A T E
W E X S I X U A G P K A A N E M P J
Z D Z H A Y L R W I X Q M M A V E O
U R F Z B P U C Z A V D I Q Q A R M
R P Z B W S P J B F A I S R O L F D
I I O F A E W P R W B Q H P W B O A
P I U E M H U O K G U M P T U U R E
F T K N O D L N R Q T E A X I Q M Q
W I L X K A D X D D O N R T I U T G
L W J D H E H K N W C D A K H E H X
C R A I G S L I S T Q R D I N R I T
N P A R T Y I N T H E C I A Q Q S Q
R V X J F U R W S U M V S M P U W E
N U H W Q S Y B I S X B E D E E A S
H A R D W A R E S T O R E A A S Y B
D A R E T O B E S T U P I D O U N Y
```

- Albuquerque
- Amish Paradise
- Craigslist
- Dare to Be Stupid
- Gump
- Hardware Store
- I Love Rocky Road
- Like a Surgeon
- Party in the CIA
- Perform This Way
- White and Nerdy
- Word Crimes

FAMOUS TREASURES

```
T X C Y A M A S H I T A S G O L D Y
N T Z A C O U W B S G B J W A O N D
K V R Q O S L U L A U A Z E R J M W
P T O E H B L D Z S O C K V K R Q X
T D I P A Y J C D Z C T R S O Q O P
H D W R E S Q O F E U R D J F Q O F
H F J A O K U R N N K I B P T K H E
M V U B H Y U R X Y S A C O H M O W
F J B A J G A E E O S N B S E M X S
S B N S A K G L H O F G A M C O N P
C G W M Q U Q A C A F O R B O N E W
E F M S B Z Y T Y A T L G U V T H F
B L A C K B E A R D S D I E E E O J
I E Q A F P I E S L X K H M N Z A O
W Y D A H G A L L Y V H E S A U R E
P I A N O H O A R D A Z K T N M D G
D J C C E X E H H G H O N B T A K I
P A T I A L A N E C K L A C E S U P
```

- Ark of the Covenant
- Bactrian Gold
- Blackbeard's
- Hoxne Hoard
- Montezuma's
- Mosby's
- Patiala Necklace
- Piano Hoard
- Royal Casket
- Treasure of Lima
- Wydah Gally
- Yamashita's Gold

LEAF SHAPES

```
U G I Q D S P Q O T E K I E P U Z Z
G S Q Y K U Z V N R Y L Q N K F V O
A P R B V Z Q Y Z S I E O K F B F O
X L T G V U Z B K P M N C B U W R T
B S E R R A T E E H C L S R E A W Z
V I F V I F I E Q A Z U J O L D U L
O N P I P I U M T R U H C U X A V A
O Z K I F E L L I P T I C C U V S N
B Y K A N P E R F O L I A T E B R C
L L L Y K N V Z W G B S Q L H I Q E
O L O C P M A U Q R W W O R J H Q O
N I Q D E L E T O I T X Q E R M P L
G N Z M B T L M E T Z Z L N G N A A
N E I R A L L X K I Y G G I P J L T
R A Y D W E T A P B W A E F N Q M E
A R R B R F O D V D K V P O X M A H
Q O S D Z Q A C W K W H J R B K T N
C T U F U O R G A O E Z T M V P E K
```

- Bipinnate
- Cordate
- Elliptic
- Lanceolate
- Linear
- Lobed
- Oblong
- Orbicular
- Palmate
- Perfoliate
- Reniform
- Serrate

2000s TV

```
T D R K B T Q W U T D H U W H M Z T
H Y D F O I T T S T E K D E X T E R
E M T G N H E O B H N L N Y S C S J
B R P L E X L I R E H E R O E S H A
I T V I S J I N L S P T W G J N E K
G B A D I E Y O G O Y N W V H U R F
B U R R Y S R Y J P X B S G J S L D
A X G E G U L O H R N N W G R T O R
N M Q U A I D M B A D E I A J V C D
G J A N O K G U N N Y E M J F S K L
T J R D S D I G R O I N X A M L W C
H M F X M W D N F S O C C S E V X E
E N T A D E R K G E Z N M G L U K B
O E Q N G H N Q F B N A F B Z T D K
R F V C U V F I J C A S I L T L B I
Y J Y Z B Y L O M A U D P Q E F Y M
H P A N A F A E G L E E D I A C X B
T W O A N D A H A L F M E N O K C A
```

- Bones
- Breaking Bad
- Dexter
- Glee
- Heroes
- Life on Mars
- Lost
- Mad Men
- Sherlock
- The Big Bang Theory
- The Sopranos
- Two and a Half Men

STEPHEN KING NOVELS

```
O S L S Y I U M F G E Q T D B X T Z
I N L C C U X C I M V W F C I P H T
B S J X U F U U A S C G K L Y D E Y
H E U M X A A G X M E F I R O D T T
L I S E Y S S T O R Y R A W V T O M
L D B N I D A Z E T A T Y R N H M S
X P N A L T H E D E A D Z O N E M J
I X V A X O Q A Z M S L E Y R D Y T
I X R X M U I E E R N I S V S A K H
R E A M G S B S G Z R L C G T R N E
G K A U H T T C T R X F E O U K O S
S W K N P E A T A B L A L Q S T C H
E B Q F P G Z C H Y V S S T L O K I
T H E S T A N D Y P M S U T P W E N
V G T V U C C E E E W D S T O E R I
R H P J C P R N L Z V Y K D Z R S N
B D K I H L U A Y U Z M O T S P M G
D O L O R E S C L A I B O R N E O Z
```

- Carrie
- Dolores Claiborne
- Gerald's Game
- Lisey's Story
- Misery
- Pet Sematary
- Salem's Lot
- The Dark Tower
- The Dead Zone
- The Shining
- The Stand
- The Tommyknockers

POPULAR TOYS

```
S T R E T C H A R M S T R O N G C Y
F C A B B A G E P A T C H K I D S E
P N U N E C S I G M W M B J Y E B Y
V H L U F P J X J R N H A Y I U G S
B M U T F Z Q E O Z G J L C E O C
Z A I X H M S T Q F E X I S B C C M
V W C W H V S N G D R M K U G T I K
E X R T O A L E G O A I V H H R K F
X X A Y M O O L Z F B S Q G Y A Z N
V A J W S T N K N U M K R M P N S O
Z D E K U O S A R C Y U Z C O S T E
S I U J Q L I E Z G Q Y C R X F A M
V X P R C N N F G B E Z C C Q O R I
S T A M A G O T C H I R I W H R W V
E B Q V R L U T I B B Q J B B M A T
H S L U J W H S U P E R P O W E R S
O Y H M I F H O D E K O Q U I R S T
S B T Z D G B R M B A R B I E S T K
```

- Barbie
- Cabbage Patch Kids
- G. I. Joe
- LEGO
- Rubik's Cube
- Star Wars
- Stretch Armstrong
- Super Powers
- Sylvanian Families
- Tamagotchi
- Transformers
- ViewMaster

VALUABLE BASEBALL CARDS

```
P E J E R E D L C U S O N M D M L K
E T O Z D I U H X H A H S W U W O B
B W E H M J T B O C U Q A D J G E C
J W J R O B E R T O C L E M E N T E
I T A S W Z Y Z Z T U T Y C O B B C
M I C K E Y M A N T L E X Y S A S H
M I K E D D I E P L A N K N M Q E O
O M S H Z G T Z P Z V D C J K F R N
R F O A E T P O Y F P K R N W U X U
J V N E L U N K W I L L I E M A Y S
J A C K I E R O B I N S O N H G V W
T V X D I Z R O N A L G E V D M N A
S N S M S U Q O P X B H C W B U V G
C L T D G H R R Y K T E K T V S A N
J O E D O Y L E V P X S R M F Z W E
T Z L G J O N W W U A D T U E I S R
S H E R R Y M A G E E G U G T V L L
C N Q A D X T F V I O I E C R H A H
```

- Babe Ruth
- Eddie Plank
- Honus Wagner
- Jackie Robinson
- Joe Doyle
- Joe Jackson
- Leroy Page
- Mickey Mantle
- Roberto Clemente
- Sherry Magee
- Ty Cobb
- Willie Mays

DROPOUT FOUNDERS

```
H I E K H C Y J W H T S S B J R Q J
K Q S P L F M V U R C J X B O U W M
S T A C E Y F E R R E I R A H S H C
V S K P N A S D M V T Y I J N S K L
P C D M T J H T J I F I C S M E Q I
C B V B C W I T N Z P I H W A L E T
A F K W R A Y K R O C M A R C L V R
P D C Y B I L Z G E G I R I K S A T
L L Y D U L E L V V R C D R E I N S
V L T I P V G C V C O H B O Y M W D
G C A S O N M U W E N A R D N M I S
I F K G M D B A Y O P E A J V O L V
D O V C H A R N E Y O L N A I N L P
G N I A A K P B H G P D S N F S I F
W J Z C W L V O Y Q E E O K A Y A O
E A C X I B S V I Y I L N O W H M T
S E A N P A R K E R L L N U Q E S C
R A L P H L A U R E N C Q M C Z F R
```

- Dov Charney
- Evan Williams
- Jan Koum
- John Mackey
- Michael Dell
- Ralph Lauren
- Ray Kroc
- Richard Branson
- Ron Popeil
- Russell Simmons
- Sean Parker
- Stacey Ferreira

HARLEM GLOBETROTTERS

```
W G I L L I G A N S I S L A N D J W
A N B V A O U Y F W Q W B C I O V I
S C T S J T V Y H Q V N Y Z J C J L
H C R P O P C O R N M A C H I N E T
I D E V D M W B X G J E X U T O H C
N X J A R E F P E O I S P P S K R H
G Z K O A S R I A O T A M X L A E A
T A B E S A P E R S T E I N J L D M
O U I A N V Z I O E J Z X K L X K B
N I O O C O N W E T H I G X E C L E
G V F A O Y P M S A B H U T O W O R
E R A Q Z B N E L T K L O R L O T L
N U D H W I B S H U R G B W D M Z A
E K X Z R G G A V M D U J B A G R I
R F J T M F Q F T B O I D B U I E N
A T Q C D I K B P L J O B N F W A P
L S P S O V C H U C K C O O P E R L
S N L Y N E T T E W O O D A R D I I
```

- Abe Saperstein
- Boid Buie
- Chuck Cooper
- Gilligan's Island
- Goose Tatum
- Lou Brock
- Lynette Woodard
- Popcorn Machine
- Red Klotz
- Savoy Big Five
- Washington Generals
- Wilt Chamberlain

WONDERS OF THE WORLD

```
X F A Y X R Y T A J M A H A L G A E
C H R I S T T H E R E D E E M E R A
Y L E X M A C H U P I C C H U V L V
M J G D K P A K N Z H W Y M T E E E
K P A P R L T H E C O L O S S E U M
D T C S N F E R M O W K S D Q I D Y
G O L D E N G A T E B R I D G E E G
P M A A D C D J L M B X U B D X L X
E G W B Q U H R T R C W C O Q E T P
E Y O S P C X I L R L J D D I B A N
Y N M I A X Y Q C P F M Y V A M W J
X K A R U G K X H C Y C O E G O F
Z T T Q P E M P I R E S T A T E R L
I E Y P A N A M A C A N A L Y M K T
P B S M A W C G G S H E I X E Q S S
D S O B W K P K H U Y E W T R W Z D
D Y T B O W T Z O V E A Y A Z S X H
G R E A T W A L L O F C H I N A P A
```

- Chichén Itzá
- Christ the Redeemer
- Delta Works
- Empire State
- Golden Gate Bridge
- Great Wall of China
- Itaipu Dam
- Machu Picchu
- Panama Canal
- Petra
- Taj Mahal
- The Colosseum

THREE STOOGES FILMS

```
O A B S X R N K P G D P P C F G L L
S O L M F J C G T W L R U U A T T X
O T U R N B A C K T H E C L O C K V
U N C I V I L W A R R I O R S O P O
P T W F U G C A S H A N D C A R R Y
T X T W C C M F H O O L L P V B D C
O W K F H P D W B R E I Q G O R F Y
N O U M F P Z J S E B F P N X N X P
U M F L A T F O O T S T O O G E S S
T A P U N C H D R U N K S I L U G W
S N J V B O F O E L U V B O A L J U
W H Y L Z Y O U N A T Z Y S P Y O F
P A R D O N M Y S C O T C H X C R I
F T H R E E M I S S I N G L I N K S
W E E W E E M O N S I E U R E Q Z C
Q R I W P Q C C A H X U T N A Q Y P
T S Y G Z V L C Z R Q E O O H I Z W
M R X W R P B Q Q D V A E D B A N X
```

- Cash and Carry
- Flat Foot Stooges
- Hoi Polloi
- Pardon My Scotch
- Punch Drunks
- Soup to Nuts
- Three Missing Links
- Turn Back the Clock
- Uncivil Warriors
- Wee Wee Monsieur
- Woman Haters
- You Natzy Spy!

MAGIC 8 BALL ANSWERS

```
O U T L O O K N O T S O G O O D U R
I T I S C E R T A I N R J A E K E E
T Y M S M W S D R W W W S S G S H P
I B Y I B L U J O I M O W I L M L L
S T R G K C K A L T N M S S P Y C Y
D I E N J M S S V H O E W E B S M H
E O P S Z V O K F O G P V E N O X A
C R L P J E R A T U B X H I L U S Z
I W Y O K W Z G F T E F Z T S R T Y
D V I I I X Y A N A A H W Y U C L T
E U S N E Y R I V D R E Q E H E M R
D O N T C O U N T O N I T S K S X Y
L U O T S B C L Z U T G F I A S H A
Y E A O Q J T A H B T Q L B T A F G
S R A Y D R M T Q T C T W E D Y K A
O B C E U Z U E Q H S W X L I N G I
Y P F S G T O R I O S J R S V O T N
O X L J O P E U M D T H O C P W K I
```

- As I see it, yes
- Ask again later
- Don't count on it
- It is certain
- It is decidedly so
- Most likely
- My reply is no
- My sources say no
- Outlook not so good
- Reply hazy, try again
- Signs point to yes
- Without a doubt

SUMMER OLYMPICS SITES

```
R E A T H E N S G R E E C E J M E M
S Y D N E Y A U S T R A L I A U O O
G S D R G K A S C B V H T L T C U N
F E N S D Z U R P A D Z P O A H H T
N O L M O W B I K R P I Z S T N Q R
E U S C O E E U H C I Z F A L C X E
U L O C S T I L Z E S W P N A E S A
Q S S R U H J J C L U P N G N G B L
B O R X J U I G J O T Q B E T H S Q
M U F V L O N D O N E N G L A N D C
S T J F N N G N K A W G V E G P R C
Q H Y S J L C N T S E C Z S A Y X A
W K I P V S H P S P P U J C U C T N
J O J Z E W I H V A X S Q A S H P A
K R S B N D N F S I Y V U U Y R Z D
W E B Y D U A J E N U E E S F W M A
P A O W D T O K Y O J A P A N N N P
R I O D E J A N E I R O B R A Z I L
```

- Tokyo, Japan
- Rio de Janeiro, Brazil
- London, England
- Beijing, China
- Athens, Greece
- Sydney, Australia
- Atlanta, GA, U.S.
- Barcelona, Spain
- Seoul, South Korea
- Los Angeles, CA, U.S.
- Moscow, USSR
- Montreal, QC, Canada

ROADSIDE ATTRACTIONS

```
H O O D M I L K B O T T L E H Y Y O
J P L P Z X V H Q O H W L C A B P L
Z O V X K J Z U G J H H N W R C T D
P E L A F O H O H T A A H E K A H S
R O R L Q C Z C P W R G D R Y B E A
S Z I S Y V A F T C I N Q G S A T L
F F J B E G U T A H W K B W S Z H E
E X I E H C R L D O A U O A R O I M
Y V K E L L E R L F Y B T E N N C
W A V J F I T B E E O C S E T D G O
K Q V L D N E J H N D I J V E I M F
S C S A A H X Q S T G H A K E N U F
K G C H T H P Z F H Z I V B J O S E
L U C Y T H E E L E P H A N T S E E
Y N X F U K R J F R G J J N C A U P
E T N P B U C G D O J D I X T U M O
P B W X L V S K C C X G V R N R A T
G O C N E S U F F K W D E C O S X N
```

- Bob's Java Jive
- Cabazon Dinosaurs
- Cadillac Ranch
- Enchanted Highway
- Hole N" the Rock
- Hood Milk Bottle
- Jolly Green Giant
- Longaberger Building
- Lucy the Elephant
- Old Salem Coffee Pot
- The Brown Derby
- The Thing? Museum

AUTOMOBILES

```
M O S G Y P T P K E Q Z D Z F I B Z
X O B Q R H M Y P Y R S V Y I V G C
O Q T D I H M M O O C E Y V E G T U
M L Z O E P F D K L U X U R Y C X T
J M A E R C P H F F N B H D A Q A P
Q U R B K H P X M O Y T W P A O J O
O D I L I M O U S I N E M V E M O E
P X G U K B K M M T U O B T N T J V
I B H V F L B F E U C C T U C H L I
C I F C N G E J G B X T L A R M E R
K M D T N J D L U C V M P Q N Y L H
U C P N N U I S Z R Z M O Y L B E O
P S U V S O A F D R O C P E E V C K
T W Y T O C F U H C R S S J S P T J
R G H N H Y B R I D I E H T L A R X
U R Z S U C A N Y L I V T T X K I V
C D G F W R I M I D S I Z E I F C A
K T U V G M J N U V E M U H U E H N
```

- Diesel
- Electric
- Hybrid
- Limousine
- Luxury
- Midsize
- Minicompact
- Motorhome
- Pickup Truck
- SUV
- Subcompact
- Van

MARTIAL ARTS

```
Q S C I Z V B Q T K I K T G F O W R
D F D U A M S Q Z P S E G U M R I A
C H Y D F O S D N V Q G R U B Z K D
V P X X R C S T Y M H B S S T J J B
T X V H C Z X K Y I C V O A A D D D
C D M A M V L A E N T U L X Q T R S
R D I P O M Y F E N P I S R I V M W
S K G K U D K G U J S J O X E N Q G
H C C I A N H H N K H O A W I I G D
F D R D P U C O A M U A I T H A I B
S P B O E G B C L U B U N A C G A O
N J G R N W N T A E K W O N D O L N
Q F L I O E E U U A X F S S O F K I
S D W M P T Q F I R K A R A T E C O
A V O Q A N R U G C V B J W E U X S
M N W V P N V C M H L B T T L R U S
B T A W S S K S L O C A P O E I R A
O S I R Y K U L E T H W E I R A B E
```

- Boxing
- Capoeira
- Hapkido
- Karate
- Lethwei
- Muai Thai
- Pencak Silat
- Sambo
- Savate
- Sumo
- Taekwondo
- Wing Chun

INDIANA JONES

```
W C M Y E X J C W N E Q E B S F H N
O H A R R I S O N F O R D A J Y E H
L H J U Q H W F I T L M C K M U N T
F V G Z X Z Z M D K M U N W Y C R C
G S M D D T F Y I A L V D L O M Y A
A Z Y F Y D U T I E N C Y I J V W M
N N Y C N L K D G Y E B W B A I A P
G U L M Q P O R Q D J Z A V Z E L B
H A L I L L O V A D C R D R M H T E
O S T E V E N S P I E L B E R G O L
H E F G G B U M E V C K G Y K Y N L
L E N F Z R J A M E S K A H N W J B
B X Q Z C B F B U F L N R B F J O L
E V V T J A M E S M A N G O L D N A
I S S T E M P L E O F D O O M Y E C
N A F I D Q S Y H T G S L H P X S K
L G N Y R V W Z C X Z E N C U Y J G
S E A N P A T R I C K F L A N E R Y
```

- Campbell Black
- Dan Barry
- George Lucas
- Harrison Ford
- Henry Walton Jones Jr.
- James Kahn
- James Mangold
- Last Crusade
- Sean Patrick Flanery
- Steven Spielberg
- Temple of Doom
- Wolfgang Hohlbein

EDITORS

```
J I M S H O O T E R D T H B M M F S
P U T U I J I S Q R S G E O J G W Z
H R Y S Z A S V E O I I L T U S N R
M B G Q P M G N R Q L N F L D A U Q
O L S D W V F F Q T P J E V I O J U
E I I M D E E C T E S C G I T J B K
B E S R H C I O Q T B S H N H R L T
I Z J H I U G Y O Z O K I Z J R A T
C D G N J T G W Z S C W T D O C N K
O U U Z R Y O M W J A R Z N N C P
H E F E I H R E A N O D P R E K H Z
I P B Q W O D Q N H Q X O A S L E T
N O N K C V O A S G X X P R N H K T
R M K P F U N L Q J E G G E J G N D
M A X W E L L P E R K I N S N M O A
W W G B B I I X H B E W L X C Q P O
O U M V W G S A L L E N L A N E F I
V D O O D S H R L S T A N L E E C P
```

- Allen Lane
- Anna Wintour
- Blanche Knopf
- Eunice Frost
- Gordon Lish
- Hugh Hefner
- Jim Shooter
- Judith Jones
- Maxwell Perkins
- Robert Gottlieb
- Stan Lee
- Will Shortz

"REAL" CONSPIRACIES

```
R W A N D A N G E N O C I D E P R N
X G Y K J R G J R F E E W O I S R X
T U S K E G E E E X P E R I M E N T
D S N Z Y H P Y K E M X J R M B N R
S F U G K L L I F U Q G G Q S X V N G
T J R F D K R I U U X Y A A G H W Y
T H E B U S I N E S S P L O T R R C
S R E B R E N I C A M A S S A C R E
L X T B W Q B M C Q E N F H D C Z S
Z O F E A R M I L I T I A F V R A K
M S M H M S D K L O R J K B A D L X
P R O J E C T S U N S H I N E I K J
M R S Q G D L W J L D O E U I M R I
D J S J V C M S K Q T M C P G N G Y
S O W G U N P O W D E R P L O T A S
G S H E L L I N G O F M A I N I L A
Z C B H O P H A L D I S A S T E R L
O P E R A T I O N V A L K Y R I E T
```

- Bhophal Disaster
- Dreyfus Affair
- FEAR Militia
- Gunpowder Plot
- MK Ultra
- Operation Valkyrie
- Project Sunshine
- Rwandan Genocide
- Shelling of Mainila
- Srebrenica Massacre
- The Business Plot
- Tuskegee Experiment

STONEHENGE REPLICAS

```
Y W J S Y D L S Y Z C D O O G I I A
O S N B G X C B G F J R V X U L V U
K N T W S D M A R Y H I L L E K M P
M Y S T I C A L H O R I Z O N S B E
G C R B V L Q O G E I C K M F O G U
O Q X V A P H O N E H E N G E N R K
S M R E G M E C G G T O A Y E M T R
D A K B K X A N Z H T F H H W Y P T
N T O W O D E H G B H O R S F X O B
A V L N K H P R E M I A N B A S I N
Q C T Z E S G T W N C M L E N L H R
Q S X N I V K K I V G H K N Y S C I
Y U O B Z S I G S Q G E L I M R P I
F T L O H X Q G R O P N W Z P W J U
S A O T E A R O A G F G V O N E D T
D N Z T E Q Q S E S P E R A N C E K
T R U C K H E N G E E Y D A Z D U F
G U N M A O B S E R V A T O R Y D E
```

- Aotearoa
- Bamahenge
- Carhenge
- Esperance
- Foamhenge
- Gunma Observatory
- Maryhill
- Mystical Horizons
- Phonehenge
- Premian Basin
- Stonehenge II
- Truckhenge

ENCYCLOPEDIA

```
E T Y M O L O G I A E P D M Y O G F
N G A X G I O D I M E Z X D X Z B U
A E O B L K F Q A I K N H F I D R N
T N N G E S V F Z Y V I C X X M O K
U E G A X H E Y B W W B P A Q G C A
R R V M I Q B L U R P Q J P R A K N
A A T N C L R D Q B Z U R Z D T H D
L L N K O N I G S B R A E V G J A W
I E I D N Q T C O A I X B F G S U A
S D R I T F A D N D F U Z R Y F S G
H U T T E P N H E X D Y M X F V M N
I C Z S C R N P P I E O J X C G A A
S A P U H H I T W H R U F J E C D L
T T C A N K C B A I D U B A I K E L
O I V B I I A G B X C K H A E B Z S
R O M W C D E N I S D I D E R O T I
I N N D U C U Z A G R U Q S O Y Z U
A E O N M I V J H W J Z M X X K T J
```

- Baidu Baike
- Britannica
- Brockhaus
- Denis Diderot
- Encarta
- Etymologiae
- Funk and Wagnalls
- General Education
- Judaica
- Lexicon Technicum
- Naturalis Historia
- Wikipedia

WINTER OLYMPICS SITES

```
V A N C O U V E R B C C A N A D A C
D M I L A N C O R T I N A I T A L Y
L I L L E H A M M E R N O R W A Y L
L P X F W N W G J A M O I X U A M N
Z U B J D N O R A T O E N R K Z Z U
V F W W C H A M O N I X F R A N C E
B B O F B J H P L Z O R A K L X H E
W M I C E C P K X Q G J T T L T P C
W G Y S I T E G Z E K I A X E X B P
U U A Z T U U C N G Y F Q P I Z P P
S O C H I R U S S I A B S A A S A X
C J A A A I Q I V I H Y W K C N T H
T E G S J N S A P P O R O J A P A N
P B E I J I N G C H I N A G B O K F
A L B E R T V I L L E F R A N C E Y
S A L T L A K E C I T Y U T U S E K
R Z Q C A L G A R Y A B C A N A D A
H V J H A Y B Z V A V V K N W H O J
```

- Albertville, France
- Beijing, China
- Calgary, AB, Canada
- Chamonix, France
- Lillehammer, Norway
- Milan-Cortina, Italy
- Nagano, Japan
- Salt Lake City, UT, U.S.
- Sapporo, Japan
- Sochi, Russia
- Turin, Italy
- Vancouver, BC, Canada

FBI'S MOST WANTED

```
O T L E S L I E I S B E N R O G G E
L A H S U S A N E D I T H S A X E P
K L G O E D I X P A B C F M A M S T
Q V D S M N I B V G W T O Z J X Y K
D Q U V D A P C K Q P Z C A Z W W L
C H A R L E S L E E H E R R O N M L
U T N V M T P J S E P Q V I G E X T
W F B M Q Z K F A O W Y Y B T M O T
E U G E N E P A L M E R S L I A W N
U N I C K G E O R G E M O N T O S Y
O X U Z N P F L J P U S B V L B G P
C J H E N R Y R M I T C H E L L R K
K A T H E R I N E A N N P O W E R Y
W A I C H I U T O N Y N G M L R C U
D B N Z M E B M T F F X Q J D D N G
R U T H E I S E M A N N S C H I E R
G A R Y S T E P H E N K R I S T G N
B I L L I E A U S T I N B R Y A N T
```

- Billie Austin Bryant
- Charles Lee Herron
- Eugene Palmer
- Gary Stephen Krist
- Henry R. Mitchell
- Katherine Ann Power
- Leslie Isben Rogge
- Nick George Montos
- Ruth Eisemann-Schier
- Susan Edith Saxe
- Thomas James Holden
- Wai-Chiu "Tony" Ng

VIETNAM WAR

```
A G E N T O R A N G E N N K K Q L S
I T E D T B E G Z L D C N R T C D R
L B G D E S N A P A L M W P T R E Y
A K U T Y W L Y K E D J A W O W X N
O D L A V I E T C O N G I C O N O M
S J F Q I D C N F E Q Y C H A S V U
A D O Y G O A U I H W A N B N U Q L
N Q F S Y R G H Z E E E E H Q U O X
D B T X F F R W H C S N O X X R U X
C R O P E Z P S A I S J U X N P J N
A J N Z C O O E E V B A Y H Q U N P
M B K N J R P D X N I A I Q O F U P
B B I M F S T R O F Z E N G M F Z X
O R N D I H O D I L Y S T F O A X S
D U O R G H N B P C N Z R M R N S W
I C A I R Y F A C L V X D B I M T Q
A P W A L U B J D V V W Q X L N V R
Y D R A F T D O D G E R S O F F H W
```

- Agent Orange
- Draft Dodgers
- Dwight D. Eisenhower
- France
- Gulf of Tonkin
- Laos and Cambodia
- Lyndon B. Johnson
- Napalm
- Paris Peace Accords
- Saigon
- Viet Cong
- Viet Minh

BLACK HISTORY IN THE OLD WEST

```
B I L L P I C K E T T M O T H W V A
V R I K N O L D D I E S J N V W X D
R J H G G B J K Q U E N W R S W P D
M K D G Z U G U Q V D N D R D A A I
U S P R Y D J F E G V E F O N I Z S
F D U B Q G C E S L G D R B T X C O
O W S R W A R W W U K H I E J U H N
E J C H L S O V R C Q U E R E N A J
Q O Y P S S W W T B P D O T S E R O
A H B A T I K C Y Y E D R L S X L N
D N B G U Y O U G V A L G E C G E E
O H X Y U C I P O E J E F M R N S S
M A R Y F I E L D S Z S Z M U W Y T
M Y X X J G T U M R D T I O M H O K
R E K B Y A H V N R M O G N B V U C
M S C F N L E I P W G N N S L W N J
C H A R L E Y W I L L I S T Y J G U
C R A W F O R D G O L D S B Y I E Y
```

- Addison Jones
- Bass Reeves
- Bill Pickett
- Charley Willis
- Charles Young
- Crawford Goldsby
- Jess Crumbly
- John Hayes
- Mary Fields
- Nat Love
- Ned Huddleston
- Robert Lemmons

FROM RADIO TO TV

```
Y O U N G D O C T O R M A L O N E O
X Q I X K R A L Z H A G O S G C L L
S X H Z T A L V U K O U Y E O L L T
T X Y Q I G G J Q G C N F O E L B H
H E Y N A N O Z I V A S N T O B M E
E V W D A E T B T Q S M S Y N I Q L
G W K J F T N N X R O O B K A R K O
R Z P L F I I E B B C K A W M J P N
E X N F F A Z E Y D E E L A O K F E
E V Z J S P N N L B M V S R M R
N V F E A B J A D O C G M O N H A A
H B H Y G Q T O P E R R Y M A S O N
O T W L Z T L E O J X F K J N N A G
R A C D O U A Q Y B M Y W L D M B E
N N X B I X S J S E W U J W Y A D R
E B B R M D S Z V Y A W P A R T D E
T A T A K E I T O R L E A V E I T B
T H E G E N E A U T R Y S H O W D M
```

- Abbott and Costello
- Amos 'n' Andy
- Dragnet
- Gunsmoke
- Lassie
- Perry Mason
- Take It or Leave It
- The Gene Autry Show
- The Green Hornet
- The Lone Ranger
- The Saint
- Young Doctor Malone

GHOSTWRITERS WANTED

```
H I L L A R Y C L I N T O N J M D J
Q J Y U T A P Y T J C T G Y O I J B
R J T N F H I E T K S N Z Q H C C R
A C Z P O X K F X A I L P M N H P E
F P S J T A X D D M R Q I I F E W H
W H X A U Y J K E O B L O T K L E D
E M N S R Q T L E R K D B E E L T B
E A W F Q N F J Q E C X N I N E E C
A L E X A N D R E D U M A S N O U P
D D O N A L D J T R U M P O E B X Y
O L A I R D I U K V L F K K D A W D
A D N Y T L Z L Y L A G G U Y M C Z
V B X V X M S J D O J S W P V A A Z
J A M E S P A T T E R S O N R W G W
X D G F R A N C I N E P A S C A L U
F N E L S O N M A N D E L A F B U K
V C A N D R E W S Y E Y M M H Z X Z
U L Y S S E S S G R A N T N N J X S
```

- Alexandre Dumas
- Donald J. Trump
- Francine Pascal
- Hillary Clinton
- Ian Fleming
- James Patterson
- John F. Kennedy
- Michelle Obama
- Nelson Mandela
- R. L. Stine
- Ulysses S. Grant
- V. C. Andrews

ANIMATION HISTORY

```
C F F B L R K Y R G J M Y A B I T L
Y O T T O M E S S M E R M M N W G Y
Z Q C N K B L N D R H J R A H A E K
Z Q Y J W J J L R Y P S I I S L R M
M A X G Y E L A P O S T O L T T T A
E B E S M B B M E S S U V E E E I X
F E W W K L B Y K I Z A B V A R E F
H F M O U Z G R R G S R K E M E T L
F G Y O P W E C J W T T K I B L H E
W X A U T W O T A K R B C F O I E I
M R K Z I N O M R E M L I T A A D S
Y E B B I V Y L M C A A X H T S I C
A P U R T K O J H L D C D M W D N H
Y N I N I O Q F C S H K G B I I O E
Y U W X F N E M E A I T S P L S S R
Q U U B J A P J J E T O X M L N A Q
W I N S O R M C C A Y N E B I E U M
K A T S U D O S H A S H I N E Y R C
```

- El Apóstol
- Gertie the Dinosaur
- J. Stuart Blackton
- Katsudō Shashin
- Max Fleischer
- Otto Messmer
- Quirino Cristiani
- Raoul Barré
- Steamboat Willie
- Ub Iwerks
- Walter Elias Disney
- Winsor McCay

EPONYMOUS DISEASES

```
C H N G K W A D D I S O N S T D B V
R A W N K E M P R N W P M Q I C E S
E K C O R R I G A N S P U L S E L P
U H A E Q N Q D Y R M I M K G H L D
T C I D G I R R Z T K C G T Q J S J
Z Y Q N U C L W S P B I M K Z I P D
F M W N E K D N V Y S I N L A O A U
E A L Z H E I M E R S C M S G F L Y
L C L J R K U K L S I T H H O Q S Q
D E J U G O I P J A H D C G M N Y H
T G G D L R V M N C A R R I O N S D
J I O T L S E Q X X S R W O J T R H
A H A R X A N Q V S X G W W K D M Q
K R S J J K S T O K E S A D A M S Q
O X D O C O H E N S Y N D R O M E R
B Y S D K F B D Z W I P X V H P D H
W W E I T F C R N O X Q N Y V G X F
A D D I S O N I A N A N E M I A B D
```

- Addisonian Anemia
- Addison's
- Alzheimer's
- Bell's Palsy
- Carrion's
- Cohen Syndrome
- Corrigan's Pulse
- Creutzfeldt-Jakob
- Hodgkin's
- Parkinson's
- Stokes-Adams
- Wernicke-Korsakoff

BIG

```
F Z O L T A R S P E A K S O Z L Z I
A F G I O P C N R A T K B R C P D X
O O V I J Y P Z L S Y E U N X E V D
S G V S N L X A O R U A A E T M P B
C S E A P O I N T P A R K N Q L V I
H M I T Q D V P E Y M M A P L W Z L
W G R I E T A A A Z B R H A B A S L
A L S M J C P G Z F G M H H G L C Y
R I B X A P I T R S G S C C N K T K
Z W B L Q C N Q I A R U J H W I O O
X I M F D T M H S A N A S O C N M P
K C T N P M S I M J I D Q P P G H E
K U U J K I V Y L F T U E S R P A C
H O L F W U N G J L Q D X T H I N K
G Z W R W N D T R O A W C I T A K I
P M U W E O U T S V P N W C E N S V
N O I P D E A Q I L Q B J K B O P G
Y C Q Q X O B J O S H B A S K I N W
```

- Billy Kopecki
- Chopsticks
- Da Grande
- FAO Schwarz
- Josh Baskin
- Mr. MacMillan
- Penny Marshall
- Sea Point Park
- Tom Hanks
- Walking Piano
- Your Wish Is Granted
- Zoltar Speaks

SMOOTH JAZZ

```
C K W T A D A Q Z J S Y Y C E Y J Y
A X R G Q Y M W P S T O P S N R J J
T M Q E G S W T E R M V O X Q A K Z
C S K V Q X X L A L E K C Q D O Q K
H D B Z F E H P H L Z A Y U D L P M
I M T C F T N M P N Z A W W N D C T
N A W Y A E H N F B O W I R L L R A
G H A E D K I F W N F O N R E P R T
T Z R R P Z S I L H O U E T T E D K
H B A E E C N P F F R E L U B Q G F
E G X E D S C R V G T M I P T C Y G
S T R C L S T Y I U E U G O J J Y B
U B M L C O X A U P Z H Q A N O R
N L M H G F S I C V E K T S N L W Y
M S P Y R O G Y R A R V B E Z P G V
M O R N I N G D A N C E K C E B Q N
N V P H V G G E O R G E B E N S O N
G R O V E R W A S H I N G T O N J R
```

- Breathless
- Breezin'
- Catching the Sun
- Garden Party
- George Benson
- Grover Washington Jr.
- Kenny G
- Mezzoforte
- Morning Dance
- Silhouette
- Spyro Gyra
- Winelight

BAD RULERS

```
O P E I S U L T A N I B R A H I M R
H L J C S H C D O V I S U A Q W A R
Q B W S T N F R S I X H D L C K W Q
V M H Y B I E E N X V A R F G A I G
C Q W B C N L I Z Q D K R D C Y Y L
X Y P M O R T U W N Y B D K X S M H
G G A L A S X B I A A S Y S R X V F
P T N H U U O M M F D R O B W L H I
F O C J Z A A S R E O E G B H F A K
E U L C W I G C W R L T G R Y S O Z
Y H W P D S C M J D F J A V Y C O Y
X T P I O Z V I E I H G O C J M W W
B Z S I E T F I O N I P C U A T L X
I S A P A R M U R A T N I Y A Z O V
K I M J O N G I L N L E R I C X I V
N C M K M P P S V D E Z D V T F I X
Z X K J E E V U A I R E T Q W F G B
I V A N T H E T E R R I B L E Q H O
```

- Adolf Hitler
- Charles VI
- Eric XIV
- Ferdinand I
- Idi Amin Dada
- Ivan the Terrible
- Justin II
- Kim Jong Il
- Nero
- Pol Pot
- Saparmurat Niyazov
- Sultan Ibrahim

GAME SHOWS

```
S U P E R M A R K E T S W E E P C X
S P M Q G Z T C T E V I C F S E T R
F E C Y R F L O O R I S L A V A O J
J V R Z P F A M I L Y F E U D V M S
W H E E L O F F O R T U N E I S A H
H C C M A A D N L O K E B V Z E Q A
R E F Z K T T B W G Z Q R E E V P X
B E A T S H A Z A M R U H M U I T H
J Y V I K T O R C E S H A J R T I Z
K I Y Y X A G B Z B E G B R R P C J
V P X J K A V Q O M H B H F O Q T J
V H G N Q D G K I C A L Q D Q F A E
Y S M K W L U K T M I R R T H F C O
B C H M E N T A L S A M U R A I D P
Y D U M P R M F W V M J G S A S O A
T H E P R I C E I S R I G H T H U R
T P P C K T S G E U N K I O B S G D
H O L L Y W O O D S Q U A R E S H Y
```

- Beat Shazam
- Family Feud
- Floor Is Lava
- Hollywood Squares
- Jeopardy!
- Match Game
- Mental Samurai
- Supermarket Sweep
- Survivor
- The Price Is Right
- Tic-Tac-Dough
- Wheel of Fortune

SOCCER HISTORY

```
Q E S T A D I O C E N T E N A R I O
C X Y M C E U M P V K M J C L B V D
B L O B D U L I O V A R E L A N L J
G J G T P F U X E G X E G V E L O Z
A L S P L W C H E X R S W F A W F Z
F G U X M D J H F I F A L B O R Y F
A B V S Q D T E P I S K Y R O S N F
P L E B V F K T Z O V E K D L V K D
H A N D O F G O D M N M O X I P R C
N S A S L A I H J O U O C G B S F U
M P W V G E K K H W Q A J R I N Z J
T A E H I C W E J D K M F Q O M W U
L D U A C O I O G U I Z B I A N G S
Q S L H G T L U S Y D D B F P E L V
V I O S T G Z M Q K P L D J D Z K Y
E V A E W Z T W S C A Z Z U U L T K
O L N E C A M B R I D G E R U L E S
G F R E E M A S O N S T A V E R N V
```

- Albion F. C.
- Cambridge Rules
- Cuju
- Episkyros
- Estadio Centenario
- FIFA
- Freemason's Tavern
- Glasgow
- Hand of God
- Laws of the Game
- Nettie Honeyball
- Obdulio Varela

OZZY OSBOURNE SONGS

```
O V E R T H E M O U N T A I N K J E
T H R T U J C C T J O N N E K E C T
F P O X X K I Z C O T N G V M X I D
F U O J A V H L B S S O J O M L L R
N K G C A K Z G I D F U H N I R Q E
O P W K N J H U R T V G J L R T K X
M F H B V J H R O F N H S V A N L C
O I P A E F T O N I E K J U C Q F R
R G H C F R Q I M R C R O W L E Y A
E W S K D H F O A Z P U X E E K J Z
T A U O Z F C S N W U I U V M J L Y
E J M N P M G D G I L H K J A B F T
A F I E I I L Y T K D H V K N W D R
R R K A P N T F F P A R A N O I D A
S Y M R B A R K A T T H E M O O N I
M A A T C X P S S O F A Q G E T N
M W U H C U A K S H E Z S U D B Q T
M G E U D R C R A Z Y B A B I E S R
```

- Back on Earth
- Bark at the Moon
- Crazy Babies
- Crazy Train
- Iron Man
- Mama I'm Coming Home
- Miracle Man
- Mr. Crowley
- No More Tears
- Over the Mountain
- Paranoid
- War Pigs

ORTHODOX HIERARCHY

```
Z D K S I S J I R L Y B D P R J D A
W L Y U R M F H F B A K J S E F M C
Y N O B I F T J L J L N D U A W B O
G V G D U P I C O K A G T I D L R L
K R P E Y J W H Q T T S I K E D T Y
D O T A I Z R P I K P M N F R C Q T
E S B C T L C L V U H O C O B X E E
A D N O H R O B C P M T J J N N H B
C A N N D P I B V H L A U L I T L L
O R X O O R X A R C H B I S H O P Q
N G N R N M X E R J J F Z J R T H L
Q Y T U B W T M L C T Z A K Y W G P
S E A H L Y D R C M H U X E V M X P
M N J P B O C Y Y L P Z I R T Y X L
A F P S X P I K E J S N C V E O S R
L V E Q A A P N G H B I S H O P V X
N R K Y E F R R Z M C O U N C I L H
P E Q L H Q H K O Q G J U Z D Y N F
```

- Acolyte
- Archbishop
- Bishop
- Council
- Deacon
- Metropolitan
- Monk
- Patriarch
- Presbyter
- Reader
- Subdeacon
- Synod

FRENCH REPUBLICAN CALENDAR

```
T J O O K H C E T Q H U Z E V B A A
A N I E N J N N A R K L R L B Q T W
V A W S B V Q T U M B I L G G E R X
F E W A Z V B R U M A I R E X O N C
L L N Z G B L V D M S F K M D R X V
O C C D K Q R Z I L P R A I R I A L
R E D L E N Q R E N J Z S F T L F E
E C Z G T M F K F R B S W U Y L S R
A G T V J C I L G E E B L R M O O O
L Y G V R A A K M K B O H I D T K
E N B U J N Q U I U M D I V I M K P
J X K Q I P I U B R I G U T F P C S
L Z L M J S R U I M E L C K G F Z A
G U R P B G G E R P P U H Z S M H P
V E N T O S E E X R R V N M S P O A
G X B Y X Y H N O F W W O O A T R K
A M C Y B T P X E C L Z S M P E A Q
R W G W N I V O S E K R R D M S E E
```

- Brumaire
- Floréal
- Frimaire
- Fructidor
- Germinal
- Messidor
- Nivôse
- Pluviôse
- Prairial
- Thermidor
- Vendémiaire
- Ventôse

SHAKESPEARE PLAYS

```
K C O M E D Y O F E R R O R S F R O
W I J C D A J X O H D K G Q E A E V
A T N Q L Y P M D U T T M W S T F D
A M H G K N I F W I K B Y E U T R Z
Q U K E L Z P W Z Y V C A N I F H L
Z M I C T E M P Q J A C T E B O Y S
G O Y Y B E A W T Q S H K Q I A K C
G A R S W T M R O U O I W F Y C U C
H W V V A R D P I Q L P M F X M N I
O H M V I D V L E U U I I L S L A T
Y A Q I I O U P O S D M K S M D I V
X M Q W P J M Y X X T J B B I X Z B
R L L O V E S L A B O U R S L O S T
M E R C H A N T O F V E N I C E U A
Z T R O M E O A N D J U L I E T Y L
F C W N O T E G I X A M A C B E T H
Y R P C O R I O L A N U S H N F K R
A N T O N Y A N D C L E O P A T R A
```

- Antony and Cleopatra
- As You Like It
- Comedy of Errors
- Coriolanus
- Hamlet
- Julius Caesar
- King Lear
- Love's Labour's Lost
- Macbeth
- Merchant of Venice
- Romeo and Juliet
- The Tempest

MEDICAL SPECIALTIES

```
G A S T R O E N T E R O L O G Y A N
G E V Y C J I U S X T V U V U J N X
L K R N N V Y Y F U R O L O G Y E N
U H W I P E D I A T R I C S A Z S X
U O P P A R P P O X Q U V N R U T J
H J V E N T E H X F S Q U G N Q H V
F B T I M F R Y R Y L P M E E X E C
Q N U U X H J I G O P M E G O F S N
K D W X Z W B O C X L M Z N I P I E
X D B F W V L J V S S O M T Z E O F
C A R D I O L O G Y A F G P R B L A
G H I L C S Y K K F C A T Y Z K O C
A H Q I Q S G U C I G N C B K P G U
K H X O P H T H A L M O L O G Y Y N
L O T O L A R Y N G O L O G Y K L W
T D S Z H E F E Z R L Q X N C W V T
D E R M A T O L O G Y Z B S N E Z P
E P I D E M I O L O G Y K X P W F D
```

- Anesthesiology
- Cardiology
- Dermatology
- Epidemiology
- Geriatrics
- Gastroenterology
- Nephrology
- Ophthalmology
- Otolaryngology
- Pediatrics
- Urology
- Toxicology

LARGEST LAKES

```
G V P D D V M O E X D K A V X B A D
R G A A O M I G M O X V X T J U K T
E X H T N G M C D L J O F Y N L R H
A C G N O X C F T J A H V O W Q G M
T E U S U P E R I O R Z R M X I F I
B T H M X V F N Y T R U D L D F B C
E X R S Z R H B H R H I V D R T X H
A D Y E F U O S U B Z N A F V D O I
R H R E F T T A N G A N Y I K A D G
I I Y G A X W E A Q V A X I X P Y A
C M X L T H L Z Y V X R F M K U I N
S R H R G J G T B U D K U A V I V E
Z S G R E A T S L A V E P Q W E L V
J A O W W M J Z Q X I U Z A Q W I B
Y E J T Q G D E K A R A L S E A M L
E U U R N F U O Q V X A S T A G O Z
R R C W E V D C S G M B A I K A L V
C A S P I A N S E A O N R K A V U Y
```

- Aral Sea
- Baikal
- Caspian Sea
- Chad
- Great Bear
- Great Slave
- Huron
- Malawi
- Michigan
- Superior
- Tanganyika
- Victoria

FAMOUS ESCAPEES

```
I B L V M E K Z U S I B G A R J M V
D Q N P J R G V K S K S I L M A G Y
X U B E O O V T J G X S A F T C R O
F S D I H G X Q M R S X C R L K E S
W L C T N E I E P K P H O E Y S G H
Y U C P D R A S V U H I M D O H O I
A X Y I I J M K F L U S O W C E R E
K S Z N L B B W E X G S C E C P Y S
O I B L L U F A Y V O A A T J P D H
L Y U P I S T J M E D I S Z C A R I
A M E N N H B M J Z E N A L S R O R
J O H N G E R A R D G T N E W D B A
Q G G I E L L P S D R P O R B I E T
K F T R R L Z I E Z O E V G Z O R O
R B X B C Y N B U R O T A T Z D T R
T Q L Q R Z V T T R T E O V I N S I
F R A N K L E E M O R R I S K L V G
H E N R I C H A R R I E R E B R E P
```

- Alfréd Wetzler
- Frank Lee Morris
- Giacomo Casanova
- Gregory D. Roberts
- Henri Charrière
- Hugo de Groot
- Jack Sheppard
- John Dillinger
- John Gerard
- Roger J. Bushell
- Saint Peter
- Yoshie Shiratori

D. B. COOPER

```
Y I V E H A T A Z T R R Q B D T M D
X B K K A P H Q F L B W E I Z E D P
S A Y T Z M A H Y F D X E L V X B S
S M B R I A N I N G R A M L T B J J
C Y O J D N K W B K K M C M I G R A
O L I J V O S C Y K O D D I N O F X
L F F U J R G S L O X I F T A O U U
U B O L P J I N H C I L O C M Z F W
M I U L N A V X P A R A C H U T E K
B N S O V K I P J R B D Z E C S X D
I N T P P U N C Q X N K D L K R W A
A M Q N N S G H S C U E P L L W K N
R U S Y Q I P D V R A L L P O B B C
I C R Q F U J K A E S G O A W N Y O
V N O R T H W E S T O R I E N T W O
E R A L P H H I M M E L S B A C H P
R A L E I G H C I G A R E T T E S E
F L O R E N C E S C H A F F N E R R
```

- Bill Mitchell
- Brian Ingram
- Columbia River
- Dan Cooper
- Florence Schaffner
- Norjak
- Northwest Orient
- Raleigh Cigarettes
- Ralph Himmelsbach
- Thanksgiving
- Tina Mucklow
- "X" Parachute

"CURSED"

```
U J C U P W O L W Q D U Y E F V B X
D V A K O Q J R K N G A Z C G K D T
E J S W M Z L S O Y D J T C K I P R
A K N Z P H E M E N B N N C S N C G
D H Z T M X A U U U L I C B I G G M
M G R D Q I E S K S A R Q N L T U U
A U E C D Q Y X S A C V L V V U I R
N V B E A M L J D X K O Z K I T W A
S L P J O N G B A S A N O V A S E M
C O N O E A N Y B G G K Q G N T U A
H H L Y N Y N A B K G H L N U O O S
A G S U S I O K B L I J D S M N A
I J N O V S M D R E E O C N R B H S
R K T B C U Y I V C L Q H O I N Q W
R O B E R T T H E D O L L W N H W O
H S O T M I P U S A F L E A G C Y R
B E R M U D A T R I A N G L E X B D
P S F B O B V Y C O D E X G I G A S
```

- Annabelle
- Basano Vase
- Black Aggie
- Bermuda Triangle
- Codex Gigas
- Dead Man's Chair
- "Gloomy Sunday"
- Hope Diamond
- King Tut's Tomb
- Muramasa Swords
- Robert the Doll
- Silvianus Ring

VIDEO GAME HISTORY

```
R M K B S I Q X D D A E H C J M Q Q
E B U S H N E L L A N D D A B N E Y
B M J X J T T P I F I O N I P G D O
E U T O R T E E E L Q B I F K A G Q
C W N P Q W T N Z W X X N N Z L S S
C Q N Y S I H L N G R R T D G A M A
A I P E B N H H T I O T E I V X S N
H Z K P C G V K T Z S Q N S E Y Z D
E G A S S A M C X W T F D T X G F Y
I V E B P L I N C A A G O Z S A J D
N F J Z W A X A W C R N D R I M R O
E T S B M X C U G Z C N J V T E N U
M C N L V I I E N G A Q O S U W T G
A G I Y Q E D P W N D B C Z T I O L
N E W D Y S S P P A E N U W O N C A
S Y J E J S T E V E R U S S E L L S
T O M O H I R O N I S H I K A D O P
M A G N A V O X O D Y S S E Y J C U
```

- Bushnell and Dabney
- Galaxy Game
- Magnavox Odyssey
- Nintendo
- Rebecca Heineman
- Sandy Douglas
- Spacewar
- Starcade
- Steve Russell
- Tennis for Two
- Tomohiro Nishikado
- Twin Galaxies

BIGFOOT

```
D Y G X S T Q Y B R B R S T E V T F
I Q G Y W Q I U O U E F M Y C J T W
L Z M P P L E J G F U X Q X V J P T
S X R D F Y V O G T O A S X N M I F
W A Z J B T A P Y H L Y H Q E O U K
G U G W E P L F C U F Z B C B G L I
P Q S F X I F T R J D I A B P Z P W
A S G Y O Y A J E X H L K R Z L T N
S E E R N U W Z E Z L L R O J L Z O
A N L J Q Y K G K A Y G M O M O W T
S C Q S B L S E W M Z H Z D A N B W
K Q A B F C X Y M Z N E M H T M Y I
U S O S O U A Q F O V X J T G O F L
N N O B Y R V A T Y N Y I A C N X D
K C J G K H P T G E S H J S S Z M
A Z W T G Z T N T W L Z T E K T V A
P Z H O N E Y I S L A N D E Z E O N
E N B F O J B C C V N R E S R R F I
```

- Boggy Creek
- Fouke Monster
- Gugwe
- Honey Island
- Knobby
- Mogollon Monster
- Momo
- Ray Wallace
- Sasquatch
- Skunk Ape
- Wild Man
- Yeti

CARTOON CATS

```
Q F L A E S Z S T O C D P E O Y B C
D T S X X N W K D Y I J S R F A Z L
O N X C Q A I E X D N S A W I Z C U
V H H U A G U D E Z E G D F G R A K
A L O B T G R N X H I I T Y H A S T
D F Y O Q L D T C F C K N R N E H Y
E O S C F E R U O Z J F R E J L V F
P V J P R P D L K M I E H R Y T O M
H B R X X U K K L F T Z X M Q E P F
E B R A Z S Q N B S A E G V K Z U E
A V E J L S O H E Q M A A P R Q A L
T I G M X V N V Q U X J R O S J T I
H O Y C M T L O D Y V E F G N X O X
C G P F U Y A P W L W W I O G G P X
L C H E S H I R E B B B K E K I G C E
I L G A K V Y H R J A G L I U R A J
F X Q G W Z V P N G B L D U I O T N
F A K Y D W Q Q R S X Z L S M Z B D
```

- Azrael
- Cheshire
- Duchess
- Felix
- Figaro
- Garfield
- Heathcliff
- Snagglepuss
- Snowball
- Sylvester
- Tom
- Top Cat

DENIM BRANDS

```
Z P T M T U H E C V D Z Z K R T H R
U H L T L T A E R O P O S T A L E R M
M M Q K L K L Q Y T K O V Z D I S S
A L O N D O N D E N I M N P B E N X
V I U S L L F I O R U C C I G A R A
I X P D S E R N T H Q W O W E E R I
J T E K C I V M F N E M Q J L W H X
E D U B P N M I E C D V E T A R T D
A E T D U G L O S P V P S U U A F M
N X C X R N K G S T E U W G H N D D
S D A O O O L A K P R Q L L F G O X
S M M A L E X A R O O A W H N L A Q
Y B R T S M D B A K J R U F H E E N
E R Z E Y U D I C K I E S S V R K E
A Q I P T E W S M T X S U S S F Y T
P D H R X D L M S L F E S R K W W Z
Y W S C B X H W Z T A I P S L C K M
P R R W D U S N K I U L U W W G Z K
```

- Aéropostale
- Dickies
- Diesel
- Fiorucci
- Lee
- Levi Strauss
- London Denim
- Mavi Jeans
- Mossimo
- Pepe Jeans
- Rustler
- Wrangler

PHOBIAS AND MANIAS

```
Y N X S H P X K F I I H O G W E P E
C H X C N R W V I G A W T D J Z O B
H G N W Q C J L F E A D P B C L A C
A D B L W I W K V M E D H A B A L A
E T Z H U E C M A P Q Q O E M C L P
T Z F N D P Z J Q L H C B B I H O C
O K A N A T I D A E P H O B I A D O
P I S G R J U U H O G R P T F N O U
H A L I H F D R Q M N B H B I O X L
O I W I A G U L A A Z U O E S P A R
B F D R O M O M A N I A B H M H P O
I C F Y S J R B I I O O I S J O H P
A M Z H Y X N Q C A D M A Z U B O H
C A T A P E D A M A N I A B P I B O
P H A N E R O M A N I A O N U A I B
E B U N Z M O U V R I L W P I C A I
Y D Z F W Q J M D Q I U C R G A C A
T U R O P H O B I A I R A L X S X X
```

- Allodoxaphobia
- Anatidaephobia
- Catapedamania
- Chaetophobia
- Coulrophobia
- Dromomania
- Empleomania
- Lachanophobia
- Phaneromania
- Phobophobia
- Turophobia
- Uranomania

OLD TESTAMENT BOOKS

```
E D Y R J L P G P S A Q O V L C H N
P Z W Y J M A O Z P F V U N X W P J
E R E D P C T G Y V V U A M D Y P X
N I O K J B X D E U T E R O N O M Y
U D J V I N O D K V D G U Z F L G Y
M D E Y E E D T U K X Q B O U D I U
B G C U L R L Z F V Z P E N S Z H Y
E V C L J C B T I X O K K G T E C Z
R V L P S M X S L S T S N R W X Z D
S J E R E M I A H I A O A B I O B B
S T S D S A M U E L S I C N J D D L
N Y I H D I Q X S F C R A V V U C C
D Q A G A U U M O D C F G H O S D N
U J S O S G Z G O A Y K C D M P S V
N O T K S F N G G F E M S G Z P Z U
S R E M M O L E V I T I C U S A F T
I G S S S V O U P S B G E N E S I S
V R Y H Y K L H N I B O F F K D I U
```

- Deuteronomy
- Ecclesiastes
- Exodus
- Ezekiel
- Genesis
- Isaiah
- Jeremiah
- Leviticus
- Numbers
- Proverbs
- Samuel
- Song of Songs

FRENCH PRESIDENTS

```
N G E O R G E S P O M P I D O U A F
I R E S A B P X H R X Y E N F K L R
C L V N Y F C E L W J S O I R J E A
O H A Y M B Z S H I A R M K A X X N
L R A M O P V M W V C V M Q N P A C
A M T R N H I C J A Q L H D C Z N O
S U E V D E N Z M N U O E R O B D I
S E L B P I C L P T E O Y M I A R S
A M U X O Q E Q D L S S T L S S E M
R Z M R I U N I S G C T M Z H P M I
K U V X N Q T S J E H P M Q O R I T
O L K A C E A W S I I Q V A L E L T
Z U M T A L U O U D R N A P L N L E
Y M A Z R B R W L F A O F I A E E R
E C H Q E Y I M N B C J J J N C R R
D C N N L O O T E A C B I B D O A A
A L B E R T L E B R U N E U E T N N
C H A R L E S D E G A U L L E Y D D
```

- Albert Lebrun
- Alexandre Millerand
- Charles de Gaulle
- Emmanuel Macron
- François Hollande
- François Mitterrand
- Georges Pompidou
- Jacques Chirac
- Nicolas Sarkozy
- Raymond Poincaré
- René Coty
- Vincent Auriol

PAUL THEROUX NOVELS

```
T P I C T U R E P A L A C E R R T M
H T H E M O S Q U I T O C O A S T H
E D J I E G D Z A O H R D A N Q K C
B W W M V T K S U S E H Q M F C A I
L P N O F O M N L X F A V F C L U E
A J D O C T O R S L A U G H T E R H
C E I D C U J P S A M U K H J Q Y O
K K L N Y M C Z Z Z I B M J G A C T
H O O I A G O W Q N L C K V L K H E
O W N M I O T E Z W Y C V P L A I L
U L D N G M J I I G A D T B J Q C H
S O O K Y K D L N J R A K X O O A O
E O N X C F E T T T S U C A B W G N
V N S M L K N N M L E N I G N W O O
F T N G O B I W R Q N D V P U K L L
Q O O O L A M I K U A W J U E P O U
C N W U S B G N F O L V Z Q L D O L
A G J U N G L E L O V E R S M K P U
```

- Chicago Loop
- Doctor Slaughter
- Girls at Play
- Hotel Honolulu
- Jungle Lovers
- Kowloon Tong
- London Snow
- Picture Palace
- Saint Jack
- The Black House
- The Family Arsenal
- The Mosquito Coast

ANGELS

```
P E F C S J F Z B W E L J I B G F G
F O L C I X F K L Z V B N E W L X X
A U W C G H D D W A D N J W K A Q F
V M W E N J Z I O Q U V J J C V Z O
H I V Q R N E C U M V P M G M T X C
S I R Y S S Q A H G I R X O H V N T
S G Z T Y X Q Y C E W N L Y E Z K H
E Z P Q U R N R T S R E I H R N U R
R A S S T E F U L U I U A O A S D O
A N F E K H S E V R V E B L N V K N
P S V L I A G R B S W V J I K S M E
H Q Y Z H N Y A P C V N I Y M M I S
I U G E A M G P L S P W B L H F C J
M N R H M T W H Z O Q Z X I Y O H F
I Z C I H C Y A G K N F Y Q Y Q A M
Y R O T E C X E U B Z Y H C A N E R
A Z X H I L U L C I E Y S A J G L Q
P R I N C I P A L I T I E S Q O O U
```

- Archangels
- Cherubim
- Dominions
- Gabriel
- Michael
- Powers
- Principalities
- Raphael
- Seraphim
- Thrones
- Uriel
- Virtues

STRING INSTRUMENTS

```
P U J Z G L J Y R M H Y R U H D G K
U N X A B U T M N E G Z V Z Z E C B
C Q R Z S T D W Z L V T Y I P S E K
L V Z P V E P D C N S R C B J A L X
J I W I B I V Q X D D U K U L E L E
Z O B K I L O D A D F L U C S R O H
X L X B V K B L O N N A K U A A B D
G A A O T M Q Y I G L B X O O X X D
S G W R S G P D F N I P H K K M P U
G O L P I O J R N F Z P B N T N G L
J I Q J T Q N J T N R M C O Z K U C
D N H G A L N A R A O G C G H K I I
V W C F R A S E H J R W Q V H F T M
G F L Q Q E T T N U F R Z C G W A E
W C P R O T B A B P O E B O U M R R
L G H S I W B E I C M Q X E X S X F
S Q V C M Y V L C X M X M S F J L N
Y P F A J X Q W C B Z Y F H U R X X
```

- Banjo
- Cello
- Cittern
- Dulcimer
- Guitar
- Harp
- Lute
- Rebec
- Sitar
- Ukulele
- Viola
- Violin

FEMALE VILLAINS

```
M C P B L K I D Q D X A J F Z R P K
E M I L D R E D R A T C H E D E H C
D Y E K J B Q K T R F J C D L C Y J
E J W R E A M S E I Z K P L A H L D
A L Y Z B Y O G I E A T E L T V L E
O C I R A U Z X E J I N Z E W G I F
F R F E R A F P C W A A B P Z N S A
C U T Z O Y W Z U L C C R W D U N N
O E T I N R V I L E A L Y O S L I N
L L B G E H M I C M D H U S T T R I
C L U Z S D V N Y K V M Z V T C D E
H A M V S K Z D H A E K G K T Q L W
I D N C V J A T O N W D Z T S R I I
S E H N L L H J N S Z I W J R O N L
L V A L E X F O R R E S T I K C G K
A I X K P E S P M Q P R B U T E E E
A L T H E R E S E R A Q U I N C R S
C A T H E R I N E T R A M M E L H G
```

- Alex Forrest
- Annie Wilkes
- Baroness
- Catherine Trammel
- Cruella de Vil
- Lady Macbeth
- Medea of Colchis
- Mildred Ratched
- Phyllis Nirdlinger
- Thérèse Raquin
- Villanelle
- Wicked Witch

SILENT FILM STARS

```
L O U I S E B R O O K S C P W U R P
R O G P P R R G C I J H K E Q D I R
P V B R I G I T T E H E L M V X C O
W P B M Z S C T F R K T H I J I H G
E M O Q Q Q N G X Q D S C L J V A J
R K S Z D V E R Q I I H L J O A R H
N E T N S U P S E G P N A A H D Q
E W H Y J Z D V N I J J E N N M B A
R E U Q J L D A W W K H Y N B O A E
K W Z Z H A I D T I C Z D I A Z R N
R A K E R L C J Q P L E X N R Z T D
A R T N L Z V L Y N Z L D G R H H
U A O I R W V W X D X P X S Y U E B
S C L X U M A E M A R S H U M K L E
S H A R O L D L L O Y D A P O H M F
S L L F H G G N B G J G Y L R I E K
R Q I T B F O P B Z N R A L E N S G
U C J B U S T E R K E A T O N L S O
```

- Brigitte Helm
- Buster Keaton
- Conrad Veidt
- Emil Jannings
- Harold Lloyd
- Ivan Mozzhukhin
- John Barrymore
- Lillian Gish
- Louise Brooks
- Mae Marsh
- Richard Barthelmess
- Werner Krauss

EXOTIC DISEASES

```
X Q M A D U R A F O O T Z S S T D J
E N O D D I N G D I S E A S E R L Z
H D W P L P W A C F U G B H U E S L
X B E D H Q H J K I A S W E E E T R
T N R F G O E P L H Z C B M P M O K
Q A E J J K G Y C O B P O S L A N N
T E W O H Q D M X Q A R O N N N E T
V G O Y V V E U O X D L L I S S M T
R L L W E B O L A N S I O D K Y A D
W E F L N B N V Y K W K U A P N N R
H R S Y V T K S H Z L Q L J X D S B
A I Y D S D V D N B T S J R Y X
N A N Y L U U R W H U G J B B O N Z
O S D S E B H B O Y X C I J Q M D U
M I R T L Q A F V E B C X Y I E R J
A S O T C E X I X X L I N E Y U O R
H R M Y U X L Q H N G J F K K K M P
P X E L E P H A N T I A S I S U E V
```

- Chagas
- Ebola
- Elephantiasis
- Kuru
- Loa Loa
- Madura Foot
- Naegleriasis
- Nodding Disease
- Noma
- Proteus Syndrome
- Stone Man Syndrome
- Tree Man Syndrome
- Werewolf Syndrome

SMELLS

```
S E U I P K O B W T R P G O X L M O
Y B F N P V G F X Q W P E L F K I F
N B D I V A V G R H E H T Q R H N L
P Y K Q R E N Y Q U Y C Y A R K T T
L P K F X M S F G C I E D Z B P Y O
H Q J H N U E X G Y F T V E U K A A
S E Y S R L N N U X Q T Y Y Z I N S
Q S T T M B G L I T E N H J W B D T
V S I B V Q C T D C A X F U Z T P E
D C X H J W M E T D H J H K Z K E D
X J N O A F Y P U N G E N T S I P A
C N S H I A B A S D B C J R O P P N
P B V D C Y V U F R A G R A N T E D
E Z Z E V I M S Y M R I S E X G R N
M L D C G K Z W U M G E N G Z R M U
W O O D Y A N D R E S I N O U S I T
W R M T S W E E T Z Z C L B F H N T
F L W R V D I L E D Z P B P B H T Y
```

- Citrus
- Decayed
- Firmenich
- Fragrant
- Fruity
- Givaudan
- Minty and Peppermint
- Pungent
- Sweet
- Symrise
- Toasted and Nutty
- Woody and Resinous

DOMESTICATED SPECIES

```
X Z L C A F G J P O T A T O E S A B
Z J F P Y X Q E Y V S O E S Z N W Y
K K S R I J H N M E B Q S N M P K S
J J T C P M J M E P E A I W X X Y I
F N U C A J I B Y T N L P H K N X X
G I H K G T G G D T U W Z S U Y F P
B E U M K C S K P S P G G L S V T O
L L A M A S A N D A L P A C A S O U
P I G E O N S X S C Q B N X R E M L
E M H M Y S F Z H C R X P M L X A T
C A L A B A S H G O U R D T Z S T R
M C Z M J L M S O J W P T E H A O Y
Q I Z H A F R K N G S A M A O Y E W
S H Y A H L Q X X U C N H N R A S R
Y U O S Y X K M O V C Q O F S I M O
O J V A C Y Y O Q C D O G S E S G A
I R D C R H X D H A J J R Q S R O S
A F D T Y E E F D I Z F W N I O F B
```

- Bees
- Calabash Gourd
- Cats
- Cattle
- Corn
- Dogs
- Horses
- Llamas and Alpacas
- Pigeons
- Potatoes
- Poultry
- Tomatoes

INVASIVE SPECIES

```
A R G E N T I N I A N N U T R I A U
D O M E S T I C R A B B I T Z T A K
E B U R C R X R F E Z A O Z Q S S S
Y X Q N H W W Q S E I W I K P X I C
G C O M M O N S T A R L I N G D A A
B R C M X D I K N X M A P V E A N N
U J A D R E N X U P V F L E Y B C E
R X C Y S Q V P Q Q D S W S R V A T
M H F R S V Q L R X G E I T W Z R O
E D M P Q Q G Y C T L R E Q M I P A
S H N B Q X U Z A B X Y A A Z B N D
E S U B X H B I M Z T H D Y E U I E
P F L W E W M U R M U W Z M H Q J N
Y Y U V B I T U R R B B W J W A G Y
T A F R I C A N I Z E D B E E I R B
H N R J L S I A M H X L X O Q H W E
O C A N A D I A N B E A V E R S Y J
N E Z H C B T M G Y W B Y X J H I A
```

- Africanized Bee
- Argentinian Nutria
- Asian Carp
- Burmese Python
- Canadian Beaver
- Cane Toad
- Common Starling
- Domestic Rabbit
- Feral Swine
- Gray Hare
- Gray Squirrel
- Tumbleweed

STAR-SPANGLED BANNER

```
T R I U M P H D O T H W A V E L P F
B A T T L E S C O N F U S I O N E O
V B P E R I L O U S F I G H T V D O
Z V H M K H B G C R Q X U B A E A T
O L E U L R W C Z O B J H R T Z W S
W L D B G V L O H C O R B Y X W N T
U Q I Q L G Y R C K M E V V Z B S E
N G C W E K P A G E H I M C S R E P
V Y G B R O A D S T R I P E S I A S
C H I G V C I Q F S Q D D U F G R P
I N G O D I S O U R T R U S T H L O
P P R A I S E T H E P O W E R T Y L
F O M P W M H Q O D R P E C W S L L
U L S K O A O F Z G I M C F B T I U
U D G H Y D R O U L T I J Z L A G T
P H V H H X H O N A W G D I F R H I
W B Z H K L S E X R V A V Z Q S T O
G L O O M O F T H E G R A V E N E N
```

- Battle's Confusion
- Bright Stars
- Broad Stripes
- Dawn's Early Light
- Footstep's Pollution
- Gloom of the Grave
- Home of the Brave
- In God Is Our Trust
- Perilous Fight
- Praise the Power
- Rocket's Red Glare
- Triumph Doth Wave

ELECTED ANIMALS

```
J C K Z M J Y G B T D O I V G L V I
U X W D G V U N R E P K N I H M B K
N M O V H J C A G P V B N Z D Y X R
I C O E S X T A G V H S G I Q W I X
O Q Y H B T P C Q C M T Q Q V E Z O
R S X C E G F L K L K E U U M U V I
C F Q E W N C A C A R E C O A I L K
O Y W U Z J U Y D F L O X F X W P N
C S H R D B G H A L F L I X I L L A
H N Y E I H M E A O F E U O I O R S
R O J B X S X N V U D W U C C C S Y
A Q K F V G A R S P Y Q W N Y B Y N
N N Z T G A N Y O R Z A I J B L V O
R K V L Z C P D O S U L H U P K O Q
H V L B O S T O N C U R T I S P B U
O V I E Y W B Y O Y O S I I Z Z C V
B O S C O R A M O S M L C G H T Y L
B R Y N N E T H P A L T R O W F G F
```

- Bosco Ramos
- Boston Curtis
- Brynneth Paltrow
- Cacareco
- Clay Henry
- Junior Cochran
- Lincoln
- Lucy Lou
- Max II
- Stubbs
- Sweet Tart
- Yoyo

ABSURD WARS

```
N I H Z L B U C K E T W A R R M X R
A N G L O Z A N Z I B A R W A R A V
K R Q E C G K V N T T B K R A W Z U
A H T Q S W U S W R Y G A W R N E L
C E A Q C D K V A B T W Y A E L L S
R Z U N S W U W R D L R E P P B H R
C F M J R G R W G O T S J N P P A B
C T I O D E U O O S N W F O D W C N
L R P Q C V K T A I L P K V E P J T
U I B C U V S P K O P L I L Q Y S Z
F G O K X N H N Q U O V T G U L I N
L S B Y E V E H N T U T H W W U F K
G K Q D I J T Y R M E E J B F A V Z
B N L Y X A R U G K F W M X Q S R K
M O G U L B A S U S W A R U R G P D
G P E C X B W H V R H D R M W C J Z
W Q E C S N A Q P V R F R R V A Q U
K M U R G E R O P I U M W A R S R A
```

- Anglo-Zanzibar War
- Basus War
- Bucket War
- Emu War
- Golden Stool War
- Jenkin's Ear War
- Kettle War
- Kurukshetra War
- Opium Wars
- Pastry War
- Pig War
- Soccer War

THE A-TEAM

```
X G P K G W L Z T F Q H X M N Q F D
A A T B O S J B U Y T E X I Q G Y K
M E X I C A N S L A Y R I D E K V R
B N U S T E P H E N J C A N N E L L
Q U A A W J D H K V U C E O M L U H
X Q M F M R S A X O T Z D Z R O J T
X O Z C X E C F N Z Y P O Z P N T N
A H L W L H G M C V A N D U R A V B
U X P R H C O L O N E L L Y N C H A
H Z A X D I V K M G G K X E Y P G N
M H W H L M W B I F N Z R R M Q T K
C T H E A Q U A M A N I A C Y B C O
Z Z T X J E F J R S Y T C V J S I F
L Q T V K F E F I R J H L I W A S H
G E O R G E P E P P A R D W I B A A
Z J F R X Z N X T L W F A C E M A N
O Y X G K Y B A B A R A C U S Z K O
H O W L I N G M A D M U R D O C K I
```

- B. A. Baracus
- Bank of Hanoi
- Charles Heath
- Colonel Lynch
- "Faceman"
- Frank Lupo
- GMC Vandura
- George Peppard
- "Howling Mad" Murdock
- Mexican Slayride
- Stephen J. Cannell
- The Aquamaniac

BASKETBALL HISTORY

```
B S A C R A M E N T O K I N G S R T
E D K B J I C I S U R T A H K Y N K
R K N D D A B S Y M T B C S T X F A
L D X L C O V T V J Z V C S V A A R
I U C Z Y B Z C M N J I R M A I A E
N W S T J U G R K W T F E B L N J E
O M L D S F J D B L S P D L G Z A M
L V U W R F P K E J S N Y T B N M A
Y B M M T A E C N H A B A J Q K E B
M Y M C A L N G J L O F O N W R S D
P D U A G O T K B Q E Z M C Q N N U
I S L D T G I N H F H F I M Q C A L
C Z R S Y E D Q B V W I N P G M I J
S R O N A R T E S T W B G A L H S A
F B Q Y X M Y E O P H A P F I T M B
U M I C H A E L J O R D A N Y U I B
U M Y T L N N G O H N V D I A K T A
E W M Z W S K S J B N G U Q K K H R
```

- Berlin Olympics
- Boston Celtics
- Buffalo Germans
- FIBA
- James Naismith
- Kareem Abdul Jabbar
- Michael Jordan
- NBL and BAA
- Ron Artest
- Sacramento Kings
- YMCA
- Yao Ming

DINOSAUCERS

```
A T T S F C A M C P L E S I O O C A
N N U H F V L B Z F M W A D G I Y I
K N U G R A N K J J X L I E A L L O
Y K Q Z W Y I C T R T I T E A Y J U
L M C T B U F X K A X S D L N X G O
O K G E N G H I S R E X O E Z Z G G
S W Q N J X F C V U Q C H B L Q R E
C E H O E W X X D E A O U O U P T K
B X R G R L E U K C I E E N Y S J L
E C K G W C S F O A S C Y E Y Q A Y
H Q G J Y W E C X U B M G H D U X E
Z U L Y L P D E B G Z M T E H A E M
C M M I C H A E L E U S L A N C H I
D I N O V O L V I N G J F D B K I B
J N W Z J F Q H T I J E G U R P H E
B R O N T O T H U N D E R U A O T T
S E C R E T S C O U T S Y K T T K X
U X N V N G X Q I L F X M Q G B I Q
```

- Allo
- Ankylo
- Bonehead
- Bronto-Thunder
- Coca-Cola
- Dinovolving
- Genghis Rex
- Michael E. Uslan
- Plesio
- Quackpot
- Secret Scouts
- Stego

BATMAN'S TEACHERS

```
S A A U Z I L A H O O H Q E G V R J
E L V E O A C V K Y D U G K I G O V
R F E D B T O B M U I D A V O Q U J
G R G T S N A X J Y O C F O V K O Q
E E U E M J A T K D U H X W A N X D
I D E D F C J X X H M U P Y N K Z A
A P K W A C X A D D H C V X N Z I N
L E D I U D M H S N H D D I L U M
E N H L R F T J K D A I V C Z T O A
X N M D E D F C B V W N A G A R L L
A Y L C L D O G B O K L J K T B G L
N W L A I N U N D A V I D C A I N O
D O S T U F Y N M F E L K P R O U R
R R W G S Y U M F I L B R A A J O Y
O T Q R B H L I O Y G Y E O Y X G O
V H H A O Z P C Y T S U N E T O M O
A X G N C T Y L B M N H E H Y S M I
Q Z C T H K P E T E R A L L I S O N
```

- Alfred Pennyworth
- Aurelius Boch
- Chu Chin Li
- Dan Mallory
- David Cain
- Don Miguel
- Giovanni Zatara
- Max Dodge
- Peter Allison
- Sergei Alexandrov
- Ted "Wildcat" Grant
- Tsunetomo

DYSTOPIAN LITERATURE

```
F W I Q H Q Z R N F V O X D I R K A
N I N E T E E N E I G H T Y F O U R
U J A Z V W T N K I F M N E W T K Z
K V D B I K V B R N H O M K B H W Z
D B R A V E N E W W O R L D E E Z M
Z Y U Z X J B M U N T D L R I R N I
T H E S H E E P L O O K U P G U O N
H Y Q O E Y F L H O F U K X R N V O
Y E L C J W G P W R O R I S K N A R
P P X N B R R U C A H X N M M I E I
G K K U L Y E J Q H N A P H R N X T
R T F U E M M V M K G T B P L G P Y
I E B B K J U H Q O R Y H V J M R R
S Z T M A X O S L N M W J E Z A E E
T H E H U N G E R G A M E S M N S P
V X J A Q D A N I M A L F A R M S O
I T C A N T H A P P E N H E R E S R
T H E T I M E M A C H I N E O P O T
```

- Animal Farm
- Anthem
- Brave New World
- It Can't Happen Here
- Logan's Run
- Minority Report
- Nineteen Eighty-Four
- Nova Express
- The Hunger Games
- The Running Man
- The Sheep Look Up
- The Time Machine

JOAN CRAWFORD

```
L U C I L L E F A Y L E S U E U R M
M E T R O G O L D W Y N M A Y E R I
M P W J M R Y V M S D E N R H X B L
N D N F M J X N C P L O E Q N E G D
I W C S S W C S E E S R X T H Z V R
V P M K G W F Q E D A J H A W Y V E
X V S O U L B T U E B G P W I H T D
L X R P K N S H H D I I X O R L O P
G T Z P D D E S Z N X L U M E J W I
E R M A E H A N E T R I X A H A Z E
V G A R C M Z H D F J V Z N A V P R
D R F N R V T U Q N B E G S N V K C
I L A O D F D H J I T M J F G B W E
A L N T O H W E C F J Y J A E M M Y
B I E Y T N O E R V K L N C R R E S
D Y D Z J Z X T F R F I I E S S Y M
Z A E T Q L F B E O K F C S X F H I
L D P M Z G Z W I L Z E B W A G B B
```

- A Woman's Face
- Alfred Steele
- Blanche Hudson
- Grand Hotel
- I Live My Life
- Lady of the Night
- Lucille Fay LeSueur
- Metro-Goldwyn-Mayer
- Mildred Pierce
- Norma Shearer
- Trog
- Wire Hangers

WES ANDERSON FILMS

```
W D B H Q J T B X P G I E B D Y Z I
F A N T A S T I C M R F O X R I I E
B S J T V D I Z W S A W N J X Z B E
M O O N R I S E K I N G D O M B T N
Z B N U F R E N C H D I S P A T C H
J X G R V H C H Q C B Q O P X J W O
I M I N N G X S Q R U S H M O R E T
F Q F N A T Y E M Z D L P L W A P E
C H T P N F L I F E A Q U A T I C L
F Z J B P A K M L T P F U U K U U C
I N R O Y A L T E N E N B A U M S H
N Z P L I Y L Q R L S D V O M N D E
I S L E O F D O G S T A M Q W Q O V
M F G X P D W L L V H X I N V Q B A
K Q C D A A S T E R O I D C I T Y L
J D P C X W L S P X T Q R K Q I M I
B O T T L E R O C K E T M O Y E D E
D A R J E E L I N G L I M I T E D R
```

- Asteroid City
- Bottle Rocket
- Darjeeling Limited
- Fantastic Mr. Fox
- French Dispatch
- Grand Budapest Hotel
- Hotel Chevalier
- Isle of Dogs
- Life Aquatic
- Moonrise Kingdom
- Royal Tenenbaums
- Rushmore

VICTORIAN VILLAINS

```
B E A T R I C E R A P P A C C I N I
S P R I N G H E E L E D J A C K S J
W C A N T E R V I L L E G H O S T B
I K W H H I F S X K N E A V S F F N
M G G N E F A V G Y Y M E Y E W D S
E Y C J I Y B F H D Y A O V F H K X
D V A R N E Y T H E V A M P I R E G
U C V O V K U L B C F O C J T T E R
I Y F K I R J P C K R W P S K M I E
H C J Y S B E Z Y T F M M H A O H A
B K A A I O U Z C Z S A B U G J G T
G K L A B L N B K N Z T Z W N G K G
Z I M M L F R A N K E N S T E I N O
S J J R E C O U N T D R A C U L A D
W P M H M A N O F T H E C R O W D P
D F C Y A V N C W Z Q S Q H W U H A
Y G T D N V A Q L S B Z R G Y R Q N
M T H E D A M N E D T H I N G T X F
```

- Beatrice Rappaccini
- Canterville Ghost
- Count Dracula
- Frankenstein
- Great God Pan
- Man of the Crowd
- Mr. Hyde
- Silas Ruthyn
- Spring-Heeled Jack
- The Damned Thing
- The Invisible Man
- Varney the Vampire

STATUE OF LIBERTY

```
T E T H E N E W C O L O S S U S L A
O J U L Y I V M D C C L X X V I S F
R R N T L H B C P P S W S R V E C R
C G U K C I R L S Q B W E L S Z O E
H D U C C O B J L K W Z N S L U W D
B V D S N V T E R I T N A S Y L H E
E A I N T B E Q R I B M N M R B F R
A F F A G A Z R L T D E J A I T Z I
R R G S K X V U D E Y J R Y W G L C
I H I K H X P E L I O I K T T N Y B
N W X Z V H X D E M G E S D A X J A
G T E N P T D Y V I Y R B L N S V R
A S V E V U P T F B F Q I C A W S T
R B S K H T O F V I L F O S G N C H
M O D T T Q Y P Y G L M E F C Y D O
J Q S R P O X K U S A J Q L R N R L
R I C H A R D M O R R I S H U N T D
G R O V E R C L E V E L A N D R K I
```

- Frédéric Bartholdi
- Grover Cleveland
- Gustave Eiffel
- Huddled Masses
- JULY IV MDCCLXXVI
- Joseph Pulitzer
- Libertas
- Liberty Island
- Richard Morris Hunt
- The New Colossus
- Torch-bearing Arm
- Verdigris

CHARLIE CHAPLIN FILMS

```
A W D Z B Q L I M E R S J T P M U T
V U N B T J W W X W E M M F X X G I
Y Q T T P T H V V M H Z Q U U W J T
M C Z T Y N H R I G M V O D Y C H H
Q G Q G N G E T U J R D I Z X G C E
U K T L Q G N U M W R K H T I K X G
T H E C I R C U S E E K R L U Q Y O
F F N N E T L I V H W O E W L N Z L
X A K D G Z U R T Y O M T F M L S D
N N O I I T U Y U M I I P S C S N R
L M O P L E C A J L S V R H G G V U
B O J K I A W O M A N O F P A R I S
E H I S N E W P R O F E S S I O N H
D I N A K I N G I N N E W Y O R K S
U O T H E G R E A T D I C T A T O R
M F Q F M R J M S X A W V A B U W M
H S C G P S Y S C I T Y L I G H T S
T H E S T A R B O A R D E R A I Z M
```

- A King in New York
- A Woman of Paris
- City Lights
- His New Profession
- Limelight
- Modern Times
- Monsieur Verdoux
- The Circus
- The Gold Rush
- The Great Dictator
- The Kid
- The Star Boarder

SHARK SPECIES

```
S E D P N W P D F S P M N K E H A S
S H T S U O N C X Q H N R D D F J I
E U A V B E V H P X O A H S S U G J
Y E X R I P O D U O H X M A Z N Z D
C R F B P P A K G S D P P T I K N P
H C Q A W N E C N P J T J J B A D L
E U C C D C O R I S X X C U J N D U
L U I H Z R E S D F Y O I T A Q L N
L M M S C T A G E O I K P Y G M Y K
E B K J N B D R G S G C D M I K G E
S J P A Y I J E C I E F N R C G M T
G T L V S O H A N L Z V I U X V C S
U F I S A N D T I G E R E S R L W H
L W W G S A I W Q F J U R N H S Y R
P A N G E L S H A R K B G W G O E E
E V X Z A R L I P K M R H W V I Y Y
R F A T L A N T I C S I X G I L L V
V B Z V P T N E D J G W K V P N P L
```

- Angelshark
- Atlantic Six-gill
- Great White
- Lanternshark
- Pacific Nurse
- Plunkets
- Pygmy
- Sandtiger
- Seychelles Gulper
- Sharpnose Seven-gill
- Tiger
- Viper Dogfish

THE SMURFS

```
C L U M S Y S M U R F J V S W G B F
G Y Z Y A M T O C B H M D N A R R G
Q J T Y Z I L O J H J S E J S E A J
Q R R T V A H E O A L W I F N E I V
C S D S W H H X Y N O I R Q A D N K
P P Z Q P E G Y P D G U V I P Y Y I
S F U W H F Z Y F Y M G A C P S S R
U D K V M T A R A S O I N Z Y M M J
C V T E M Y Y A Y M Z G I E S U U J
E Z O S Z S F H N U W U T M M R R Z
N B H A Y M C V S R W T Y M U F F I
Q V D T B U T P S F E O S N R T B D
F M I Z O R O I D F F V M B F N J J
Z Q F R R F O D R R J T U V L C Z N
W E G F S V R U X K F W R K I M P I
J O K E Y S M U R F I X F L N D G W
F P A P A S M U R F E L G F G R V E
C L O C K W O R K S M U R F M Q V W
```

- Brainy Smurf
- Clockwork Smurf
- Clumsy Smurf
- Greedy Smurf
- Grouchy Smurf
- Handy Smurf
- Hefty Smurf
- Jokey Smurf
- Papa Smurf
- Smurfette
- Snappy Smurfling
- Vanity Smurf

SMURF BADDIES

```
H O G A T H A G R I F F I N D Y Y M
X Q L C A T B Z N W V W A R B B J O
E K Y B I X V K M O J A I Z N K L G
R Z D G N C U I L H I P V A R C N F
Z K K T N W B U N R L J R E F A O V
A D M G L R E D E N X A Q G I D E E
W K S T Z M N P T C Z N E R T Q U L
M G Z U D N M H F A I K O N R Y C I
C V A C T I I P H A J G J V E K H H
B D S R Y I S T D L E J L D V Q L X
J T J D G I L R M R M W I Z E U O Y
E Y A T S A O D G Z S K E I L W R V
F L U E B M M T H U C Y Q C Y N H D
G Q M D S Z N E B Q R Q U E N G Y N
N E R C L U V Y L W U M U M M Y D J
N O K K O K K R K F P T Y C T Y R L
L T J C S S L H G O L Z S B N I I L
Z P D K Z G D T Y X E R Q A Z E S E
```

- Azrael
- Chlorhydris
- Count Gregorian
- Evelyn
- Gargamel
- Hogatha Griffin
- Lady Imperia
- Lord Balthazar
- Mordain
- "Mummy"
- Nemesis
- Scruple

OIL SPILLS

```
O W I A M W A T M L F C Y Y D R V U
C A S T I L L O D E B E L L V E R F
E Q E L P G B L I X O B N F L Z K C
X P I A I X Y A W Z Z Z S O I N R U
X E M N N O G A F N G A V D W C S W
O R B T Y T I B E N K G A H K R G N
N S L I I E S T M I J C B R D M U R
V I S C T D U S W G O F U B R V E Z
A A M E R H I U E C U R W E S K M Z
L N V M P H R M O W O W V G N W I E
D G L P L L A M N I A I I A M O N C
E U Y R T Y A E A K R L T U P H G K
Z L V E I Y Y R I A U N M Y V D B O
J F C S N X Y I V J E F Q C V G U S
Y W Z S U I T L Q V C M Q M R V L H
M A B B F U O O A U D H H L W Z A J
M R E G S K W H C X J A Q A N R K C
D E E P W A T E R H O R I Z O N A Y
```

- ABT Summer
- Amoco Cadiz
- Atlantic Empress
- Castillo de Bellver
- Deepwater Horizon
- Exxon-Valdez
- Haven Tanker
- Ixtoc
- Kolva River
- Mingbulak
- Nowruz
- Persian Gulf War

MUSICAL TEMPOS

```
H U B O Y N D I K S H N F O I E I J
I L F P G G X V M B O D S Y T E O F
I D L F H E X R A T P Q T N T O Z Q
Q U H A F M M O T A E N E N B N F G
U R D Z R N T E D R N M A C H N Z R
E V G V E G I S E D A D I Z Y V X I
R K T U J G H P X G N A A T Q U G N
F R I N A A N I R A J Z X N B P F U
K F Q D R O C A S P J T W U T O C L
G R A V E Y L L I S R R A Q T I Z L
Q S D A P R E S T O I V E J L A N Y
I F E L J U M P Z I B M I W W A W O
O I Q L G P V D R S J T O V S Z T N
F O Q E L A R G H E T T O C A S O U
E R A G E F G F J X S Q V T M C Y F
T H J R A D A G I S S I M O I K E W
U Q S O M T C H D C E Q M M Q C W C
M O D E R A T O C W K N K K B Q T T
```

- Adagietto
- Adagissimo
- Allegro
- Andante
- Andantino
- Grave
- Largamente
- Larghetto
- Larghissimo
- Moderato
- Presto
- Vivace

WONDER WOMAN WEAPONS

```
B T H E M Y S C I R A N S H I E L D
M A G N E T I Z E D E A R R I N G S
U Q T U H Y O D T C K L N I M G I H
G C P T R G G V V K I I L G O H O E
V J V A L T M S E T B R C U F D Y P
C N C R L E L W F Z R Z Z D J W R H
V K K N G L A M K O E P N C Z T G A
X A L T A J A X B R A C E L E T S E
Y U V H R T N S E F S D D F D N R S
V Y N I E A R S G C T C S O S C M T
L I I H I U O D H O P D K Y T Z R U
O O D I Q Q R R Y E L Y F U I L A S
H D G K U B H N G A A D N S A U T S
L A S S O O F T R U T H A I R D N S
Z F J K P K R Y V Y E C W R A P D W
S R S A N D A L S O F H E R M E S O
G A U N T L E T O F A T L A S O D R
A M U L E T O F H A R M O N I A R D
```

- Amulet of Harmonia
- Battleaxe
- Bracelets
- Breastplate
- Gauntlet of Atlas
- Hephaestus's Sword
- Lasso of Truth
- Magnetized Earrings
- Pallas Gold Armor
- Sandals of Hermes
- Themysciran Shield
- Tiara

MOTHER GOOSE RHYMES

```
G O O S E Y G O O S E Y G A N D E R
H E Y D I D D L E D I D D L E Y C C
C B E X H H B J M A Q E X S U I W K
K O K S I V G W A H E K D U H N L X
H I C K O R Y D I C K O R Y D O C K
M Z B K I U H E I B K H N B Q Y T D
J Q M W A D C O C K T A V X L A E Z
A F M V M D K X B S A R N G Q P H V
C R U C U J O T J N F Q H D Q O V L
K E G F J D G O N V A L F V J I V N
B P H U M P T Y D U M P T Y W I V L
E E A R E Y O U S L E E P I N G L R
N B I R D S O F A F E A T H E R K L
I F X P H C U U G R V D S J Q N J Z
M C B Y G E O R G I E P O R G I E U
B A N B U R Y C R O S S E F P A U Q
L I T S Y B I T S Y S P I D E R Z R
E H T B Q J J Y X G U S E N M D X W
```

- Are You Sleeping
- Banbury Cross
- Birds of a Feather
- Cock a Doodle Do
- Georgie Porgie
- Goosey Goosey Gander
- Hey Diddle Diddle
- Hickory Dickory Dock
- Humpty Dumpty
- Itsy Bitsy Spider
- Jack Be Nimble
- Jack and Jill

TOY COMPANIES

```
J A K K S P A C I F I C K H K K I T
G M Q F P E P Z D E F C C P T E D Z
S Z Y E L P E E U R W X Q W G S C D
B Y A L J T D Q U Z P Z X E U T Q Q
Z C F F M M A T T E L P T V I R F C
B F I G U K Y Q I D E A L P W E S C
H F B P O N H G X V V A Q U G L G I
B N F I Y G K P J T U G C U C A E O
H A P L A Y M O B I L H R J K C T J
C A N T G L C L Y B O A I C I A O H
Y K X D F K B J R W N X K R N Q C D
V S R N A C Q G O B A N P R E S T O
L X Q C U I C N Y T Q R Z Q B J S R
P L A Y M A T E S M E G S R F X L R
S V M T C J N X N H H H R P R H U J
K U Q A L T T N S F Q P H A S B R O
D S J Q U D O I O G V A M T G U N D
K F A Z H F F B B G W I R N S U I Q
```

- Bandai
- Banpresto
- Estrela
- Fisher-Price
- Funko
- Gund
- Hasbro
- Ideal
- Jakks Pacific
- Mattel
- Playmates
- Playmobil

PERCUSSION INSTRUMENTS

```
B Z Q V G K R Z V R N T Y L S D R Y
B D Z X B T K B L N G O Y A A B A U
F C O T A A S U W E Z O O Z X Y Y T
Y A W Y I M T E D F B H S W A S U I
G C A Q B B F P U Z B A S S D R U M
G D E A M O K E K R C P E K P J Z D
L G A U T U N K T K R O G R O S S G
O M P R N R H G N V S I D E D R U M
C E T B K I I K O Z V H S V C L J
K C G I W N X A W D J N L X W F X E
E B A Z M E S S N L R A Q G D K Y I
N R B S P P F G A G B U R R J A L W
S P E H T E A K W M L R M O N Z O F
P O L B V A N N Y N G E T F D O P O
I B L V R Z N C I C C Y F W J O H O
E F S X U X W E K R I T J H G U O T
L A D F Y B K H T K A Y F H W M N B
R N G H B X O S U S L B C A P U E Y
```

- Bass Drum
- Bells
- Bongo Drum
- Castanets
- Cymbals
- Glockenspiel
- Kazoo
- Side Drum
- Tambourine
- Timpani
- Triangle
- Xylophone

LEGO CLONES

```
E J V N I K W Q J C Z B I K K U H G
T C J T O Y B Z R L N L H W O X I M
V O Q A U S E O S Q W T Q C F K W B
T C G H F S D L K W L T F A T B F M
I I Q P I L V S G U A O M R S S R W
L V R D O Z Y C E W X Z E E M Y B P
R N Z J H V D Q D D D E G M F H A A
A F I S N L Z H W Q G S A I C H N H
C O X W C B E U C S X H B B M P B N
P U J K X Y Z Q R L P I L L T Y A T
Q W O K N I E S C U I Q O O R H O U
S H P Y L M O C T B M T K C J H U A
P D I E C G Y I A A S A S K C T C K
P M F Y P R X M J N Y O X S N Q Z T
C I Q N R N P N I Z E Z A R C W Y E
N A I T H N B B E R C N E W S I A K
B D D Y R K O K K Q F D E L E P I N
A J G A E C M D P Z T I S K W V W Z
```

- BanBao
- Bikku
- CaDA
- Caremi Blocks
- Cobi
- Kre-O
- Lepin
- Ligao
- Mega Bloks
- Nifeliz
- Sluban
- Zuru MAX

"HAUNTED" PLACES

```
B E C K E T T S C A S T L E Q W D D
E N H O T E L M O N T E V I S T A A
U W R S J G F S Y G T F L T L K C N
L I B Y W X T T B O Q O G C E J R V
I F M Q A A F A H Z V P B N F P B E
V X G O A X Y Y W D R I X D L C D R
Y M Q A J F E X V E J T S G V I Y S
P O I N T L O O K O U T L I G H T S
W E P T N K X A B X X O N C M X U T
X S S A A A F B A Y Y C G N K G J A
O P T S O I U C T C T K L G T T D T
F S T R A N D C I N E M A E V I H E
G A K O N A L O D G E A W N R M Q A
X L A L A U R I E M A N S I O N A S
G T H E M O U N T M U S E U M M X Y
C R A Y H A Y M A N S I O N G R P L
R D B W R R S H K P K O Q T O L W U
H F C W B B O U R B O N I N N G G M
```

- Beckett's Castle
- Bourbon Inn
- Crayhay Mansion
- Danvers State Asylum
- Gakona Lodge
- Hotel Monte Vista
- LaLaurie Mansion
- Pittock Mansion
- Point Lookout Light
- Stanley Hotel
- Strand Cinema
- The Mount Museum

NATIONAL PARKS

```
W R A N G E L L S T E L I A S A V D
V T T W N H S S G A L W O N T G H H
W F H M T G K A A I E W O I H S D T
S P O E W J P Q N E K I Q N R H S H
G R O I O O O B N A Z O J E K E N O
B R L V U D L L E D R H I D R N Y J
R J O S N H O D B A C N B O Q A E T
Y W B C U L R R U X I Q F Z L N L Q
H X H C K E V G E A G D N Y X D L P
V S U I V Y A N R R E H D J Y O O H
W H G A T S M T L I O G O C W A W Z
K O S S F E N O F G Q O G O D H S K
U E E F N U S I U W Y O S E M I T E
M U H T O X R A Q N I X H E H K O S
G O E M K T D B N K T N A L V I N Q
E S U P E E M G S D E A J R P E E J
K K Q P O F B O Y C S U I G N V L B
K E O K L Z Z Y E J P J Z N M H R T
```

- Mesa Verde
- Mount Rainier
- Petrified Forest
- Rocky Mountain
- Saguaro
- Shenandoah
- Theodore Roosevelt
- White Sands
- Wrangell-St. Elias
- Yellowstone
- Yosemite
- Zion

BILLIONAIRES

```
E J Z B K S N O C A R L O S S L I M
Z L E L A R R Y E L L I S O N G W U
H S O F O H O T B R C W A A R I A A
A B K N F Y T F D Q N T B E M I R D
N N B H M B D W P J N C B U Z J R F
G Z Y H X U E W R R K M S F Z F E W
Y I U Q B A S Z I Z O M T M D T N F
I V Q U D R E K O O B J E X F Q B L
M J N N J N I C L S I M V S F P U F
I O C Y Y T W B P K L Z E X T C F U
N B O Y V D L U Z Q L P B O Q N F C
G Y B M J E I V S F G D A J X Y E Z
B E R N A R D A R N A U L T I L T T
F C Y H Z X W N Z T D L W W K T D
Q P C D E N L S A J E N M M G G Q S
S I Q J V I W W P H S H E M L O G N
M U K E S H A M B A N I R Q P F I R
A M A N C I O O R T E G A P A O K S
```

- Amancio Ortega
- Bernard Arnault
- Bill Gates
- Carlos Slim
- Elon Musk

- Jeff Bezos
- Larry Ellison
- Michael Bloomberg
- Mukesh Ambani

- Steve Ballmer
- Warren Buffett
- Zhang Yiming

BOATS AND SHIPS

```
M R U Z U R O P G T M J K R O E R X
M M P T L X S S E A T K G D S V R Q
Y Y K C S L S F Z H Y Q A W Y Z J X
D Q S U X H N D C D U H K Y Z M N E
W J R A I V X A R M E K O D A H B T
J Y I H O I Y H J I J L R T Z K K W
U J O M D T Y O D R E D G E R F F G
N G X I L G F D M A Z H P B B S H T
K U I C T N T B T W C Y R R R A W F
D J C N O A A A G G D F K I Y I E K
I E K G O S M R W G Y D D Y F L B U
S E S B C B G G G M J X V H R B Y C
W T G T S V F E R R Y O B F T O H A
D U Z K R G F L P A O X C R A A J N
T G E N P O M V A S Z E V B N T B O
O K C A O G Y Q K I T A U K K E E E
H K I C E B R E A K E R M V E Y Q X
Z Q H Y X A V S R B F T E I R B J Y
```

- Barge
- Canoe
- Destroyer
- Dredger
- Ferry
- Icebreaker
- Junk
- Kayak
- Sailboat
- Tanker
- Tugboat
- Yacht

CAR SYSTEMS

```
E X H A U S T S Y S T E M O M O M B E L
C O O L I N G S Y S T E M E O O L U
R V Y R C U Z R X S A I T O X T E B
G N Z U S Q W W J E B S O G J A C R
G U E P L B N V K D Y Q I G U W T I
D Y Z F U E L S Y S T E M M O F R C
H Y G C N W J O G R Z L J L Q H I A
I S C K N U A N R T V E L O N E C T
L V E O W G I S O I C G N F F L A I
T G N K N R Q X C E N I D D G C L O
S U S P E N S I O N S Y S T E M S N
W H E E L S A N D T I R E S N W Y S
F N T Z K R F W Z E K G W M J D S Y
V S L M L Q I X Z N W D W X O Y T S
N W N D Z K J O N T L L L B K E E T
B R A K I N G S Y S T E M K R W M E
N J V F J F C H A S S I S E N E L M
J R P S F P O W E R P L A N T R B B
```

- Body
- Braking System
- Chassis
- Cooling System
- Electrical System
- Exhaust System
- Fuel System
- Lubrication System
- Power Plant
- Steering System
- Suspension System
- Wheels and Tires

URSIDAE

```
G R I Z Z L Y B E A R K Q V Q J L A
E S V E E P V Z Z I S S L P L O M
U U M I N Y B Y V R G A I J O O U E R
R G Y O B Q X U M T R D S J H T I R
A F B Z S L F J T A V P T V Q W S I
S C F Q T R Y F E Q U T G I B R I C
I E C B F C V B F R R X G D E H A A
A Z B T H R H C E Y S P X D K C N N
N S P E C T A C L E D B E A R B A B
B P J P O L A R B E A R W W D S B L
R Y X L C V A R P X B K U C L L L A
O M S H E R P L S S F F P Y U V A C
W S Q S T O C S E Q U B K O W A C K
N K O D I A K B E A R N D T R Y K B
B R O W N B E A R M O A B P X U B E
E F H A I D A G W A I I B E A R E A
A S I A N B L A C K B E A R A P A R
R N W V K I C A L D R K O K M R R T
```

- American Black Bear
- Asian Black Bear
- Brown Bear
- Eurasian Brown Bear
- Grizzly Bear
- Haida Gwaii Bear
- Kodiak Bear
- Louisiana Black Bear
- Polar Bear
- Sloth Bear
- Spectacled Bear
- Sun Bear

SUPERMAN ALTER EGOS

```
R X X U P P F N N N G I G J S I Q J
A T X J C H A S Z X F S T S H L K O
L Y R A D L N O O D B X I B H N N N
P W L Q Z L A R E J U B X R K W B A
H I C Z O G Z R A O D D V A Y Z C T
C N M G D F E U E H M O K D D J A H
A K Q C H L F D O N A C F D G O L A
R E R U C L G J Z N C R V E O M L N
L N Z G W X Q O O Y K E U X U T E C
S T M F F S H T M C U O K T N F W L
O C J D X B N C G L L Z L E B A I I
N L V Q T E N I C A N A R R L K S N
M A X V D Q C X L R B B B R Z U V Z T
L R P K D H R Y I K K D M K B D I O
B K R L I Q Z X G R O F Y Q K Y E N
X A E L V T M C I V Q Y U C L E T R
M G V S Z W A K O O C O B I Q H N O
K E N N E T H C L A R K S O N P O T
```

- Brad Dexter
- Bud Mack
- Cal Lewis
- Clarence Kelvin
- Clark Kent
- Johnny Clark
- Jonathan Clinton
- Kenneth Clarkson
- Kent Clark
- Kirk Brent
- Mark Denton
- Ralph Carlson

VAULTS

```
G R A N I T E M O U N T A I N A P J
S S V A L B A R D S E E D V A U L T
O A K I S L A N D M O N E Y P I T G
Q T A Y R L Z L D W A U P X A E O R
D U X T Q D Q B V L E A Q B Q E J E
Q Y J B M E I F G E F J B B C I P E
Y Y J A X P E N L Q O Z X A S R G N
Z K S X T I E P U U R X G H J O I B
E C G X F F C G I I T A P N B N O R
T E I K O K U B A N K L G H F M M I
I Z Q K Z M V B W C N N E O Q O T E
P D N X H P C Z E M O N Q F L U Q R
X A V F J V O V R A X A U B B N J B
B Z M P U U K L Z G S D A U Z T Y U
Y C C H E Y E N N E M O U N T A I N
J U W J M Y Y E H T S X U K T I W K
V A T I C A N A R C H I V E I N I E
N Y F E D E R A L R E S E R V E K R
```

- Bahnhof Bunker
- Bank of England
- Cheyenne Mountain
- Fort Knox
- Granite Mountain
- Greenbrier Bunker
- Iron Mountain
- N.Y. Federal Reserve
- Oak Island Money Pit
- Svalbard Seed Vault
- Teikoku Bank
- Vatican Archive

DOG BREEDS

```
S A M E R I C A N F O X H O U N D W
B O S T O N T E R R I E R L Q N N T
G Q E Z J H K T E B H A I A D S M T
W O R Z G V J K P X G Z C G Y C W T
C O R D O G O A R G E N T I N O C X
B A B D U I N E H E S U P C H T O V
J D N M O Q Q A I V I Z R C D T S F
N J A A Y N X S Q F H W Y S I Z X
X X B W A T S U A P G O S P P S M B
O V M C F N A E M V H Q R E T H G W
I F H W Q M D O T C L C Q S Z T N Y
F P O T R T F O K T R Q H W Z E B L
V N X E G C U S G M E P I O D R K C
I H N F Q W X H F I H R F N B R N O
M F L M D M D A L M A T I A N I A L
F I N N I S H L A P P H U N D E I L
Y L R C R S O F S H H E Y K Q R C I
C I M A R R O N U R U G U A Y O V E
```

- American Foxhound
- Borzoi
- Boston Terrier
- Canaan Dog
- Chow Chow
- Cimarrón Uruguayo
- Collie
- Dalmatian
- Dogo Argentino
- Finnish Lapphund
- Gordon Setter
- Scottish Terrier

FORMER SOVEREIGN STATES

```
F I X Q S G H A N L A J V G H C K I
C Z X X B J B R W T S V H R V X D C
Z P R E P U B L I C O F T E X A S O
E K I N G D O M O F H A W A I I R V
C C O N F E D E R A T E S T A T E S
H A F X F Q U O M E N M K E P S P O
O I L B S I C G J C Z Y J R N P U V
S T A T A R S T A N V P C G L K B I
L D I Z D B S S H A S W I E W W L E
O W F O C P C B T S E I V R P G I T
V V S L H P E Z D V D N T M B P C U
A K J J H C V Q O F B F R A C C O N
K B O P H U T H A T S W A N A U F I
I M N F M F K L E F S S N R A L C O
A N E R W U Q D V B Z Z S E A D H N
Y U G O S L A V I A O X K I B W I X
E A S T G E R M A N Y D E C K H N F
T W Z W A L Z S I Y S D I H W B A S
```

- Bophuthatswana
- Confederate States
- Czechoslovakia
- East Germany
- Greater German Reich
- Kingdom of Hawaii
- Republic of China
- Republic of Texas
- Soviet Union
- Tatarstan
- Transkei
- Yugoslavia

PROPOSED U.S. STATES

```
W F Q S T L K M S M B U P G G S I Y
E S J T Z H G P W T U B X Z K Q R M
S T O Y G X C S R L W A M U N S Z J
T C Q S M G Q A A Y I B R O U E I K
S Y C Z D G J A B N W M T V P Q D M
Y D N I C K A J A C K S F K U U Z X
L G E W S C L V J R N T Q K H O Y W
V F N S N S L U A I X B A B A Y N Y
A S R S E Y S R W H C V U D V A J F
N I O A S R Z P N A R L V M T H E N
I Q M N N R E H P A M S L K O E F K
A N A H Q K M T M B Q B A P U O F T
L R Z E F L L L U S P V T A V Y E X
T E J N T X E I D A U S Z N C P R Q
M N D G W D E B N R F L J L S E S Z
L I N C O L N O R O P Q F X R P O V
X O T B A R A Z G K V R O M C T N U
J M P F G O L G Y A O S E M G B D N
```

- Absaroka
- Delmarva
- Deseret
- Franklin
- Jefferson
- Lincoln
- Nickajack
- Scott
- Sequoyah
- Transylvania
- Westsylvania
- Winston

PSYCHIC "SKILLS"

```
P S Y C H O M E T R Y P V N G E A P
A E Y D N I K M A I I N W N W N U X
W L A H N D O W S I N G I I F H T O
H D T C V S X E W I Z L G P R A O B
H R K A V D O R Q H A F R S R N M U
A P C Q C L P A B E N N Q Y A C A B
N G H T H L J Y H N A C R C P E T C
Y D F N A J B Y F F I L A H P D I C
F G X C N F G F Z C K A F O O V C T
V B R Q N R Y R U A J I S K R I W T
T M N T E V U H R U N R O I T S R H
F A P N L Z W S G D U V Q N A I I O
C H E O I U L O N V G O R E T O T K
N C X L N S L K Q M M Y H S I N I C
O O N E G F L E V I T A T I O N N L
D W T E L E P A T H Y N J S N P G R
A S T R A L P R O J E C T I O N B L
M J C O H Y T C A L O E D F O Q S V
```

- Apportation
- Astral Projection
- Automatic Writing
- Channeling
- Clairvoyance
- Dowsing
- Energy Healing
- Enhanced Vision
- Levitation
- Psychokinesis
- Psychometry
- Telepathy

FAILED INVENTIONS

```
R E I C H E L T S P A R A C H U T E
Z G M U K O Z G K B C O K A B V S Q
C Y B E R S Y N X L N V Q U I B I S
K K E Z X K H B J L V G A Q L E S R
W R J N D N R F C J N P Z T K A A Q
Z O G U S T R Z Z O A D E J L Z E H
A M X S A E I N T E G N N G I K T U
P E P S I A M W U Y E P E M O B R N
X N I D L O E D T L K L E C C D O L
W G K W R N C F E D G V W T Y I F A
O C K G E O L T X O A E Y O S Q O S
L W K L P B F C O L N V F I P I R E
J H P K O P O G Y V L C V B M K D R
T P N X T A R B N F W A F C W N P D
A E H P Z M W D Z N L N T Y Y B I I
C K O R S S T A B O N L A R I K N S
I T Z Z C E H J P C N Z Y U D J T C
Q H Z U V K F S K W I Y J E X F O U
```

- AVE Mizar
- Apple Newton
- Cybersyn
- Ford Pinto
- Google Glass
- Laser Disc
- New Coke
- Pepsi AM
- Polavision
- Quibi
- Reichelt's parachute
- Telenet

ANSWER KEYS

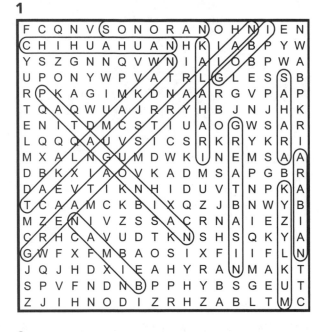

7

```
U U V C P C U E P U K B J X V H P M
B O R I S J O H N S O N Q R X J J A
T D A V I D C A M E R O N B Q W S R
H F D N X Z H V G D P W M H L S B G
E C F W G P M X C O W J A U R J A
R Z P C T H D U L R I Y R R Q M E
E C R M M O L I B M X K T O M S Q E
S J N E L Q N N P K U Z T L H G J T
A D P Z U C O Y A R I O A D M F K T
M K R N D D E N B L O A F W S B R H
A S F B R W U W Z L I G B I A L V A
Y M G O S S T X N F A R W L C W G T
A D G M I N N U D A M I L S L Y W C
U J O H N M A J O R M M R O O G I H
Z I S T W H Y A G C R U Y N X P K E
M I E D W A R D H E A T H L I O S R
R A L E C D O U G L A S H O M E A D
Q H B U N D U Z C U O C L D P R J V
```

8

```
A S E X S U N F T U Q U Z L T A C Y
O R N S M M I Z Y B B H T C Y T R P
X L I G T J U R C O U F V R M O Y B
J F H T O A O C H A O S T H E O R Y
P B K W H E T W X D D E N H B V L Y
S R C Y H M C I J E M B T J Y O G L
L P O T T F E Y S O K R K F K M B Q
S L T B T X R T N T E U Q U F F T X
N E B M A T C O I B I P R S Q R V K
S T W Z E B G L M C S C Q L W V N D
I A J M M I U K L J S S O E J P
S R O I R B N L Z T H D D Q H G A T
R E T T J L T S I A L G E B R A I F
G S P J U Q A M J T U L V N C B U C
K A Q W W V O P S Z Y G M M Z B N L
C O M P U T E R S C I E N C E A B E
E N I E Q K C R E Q C A L C U L U S
G C W C A H B X L O N Y F K A L D M
```

9

```
M U O V X D X U J K P M Y N E R N E
F T G R C W B V F X Y I L Z V B F X
D L U Y J F B N R Z R C P B E O W R
M M Q S G A B V A X I H B U R V A H
X M L S F H M B Q V A E T O Y U L I
H J L Q T E B I Z T A I T B T H L D
W E V E R Y W H E R E L K M H V A K
O A Z L L Y N A Y X E N I I M T E H
M X G P B F A E A D E Y M Y N J O H
E L M U Z G N H O S D E C X G W N U Y
N U J A Z D W M X J Q O C R Z P C Y
T X Q T R E R D K W M H H U R L E Q
A O W P E H G O I M T W C R L Q W
L Z I T L N X Z W P T Y Q Y Q T A
K Y M L P G I P O G F U G V S G I N
I Q I T O P G U N M A V E R I C K S
N U B R E N D A N F R A S E R P B B
G F I F G R S V X K S L T D T L B V
```

10

```
H A R D S H O U L D E R E U L T Z K
Z F Z Q F D D P P S G R N C R C C V
B I H P L R P Z J U N I C S W A S Y
L C E L S Z W I L A A H Q U B F J T
M O B F H H I G H W A Y F R L F S W
L M A J C R X C C O A O L F A I A E
Q P Y B H U R W Y L U N G A C C J A
D R L I W E P O C G O O W C K A M R
O E U H T W T A V Y G V U E T I C I
E S Z N R Z V M T A U U E D O R G N
N I N E Q N J E H E X C R P C S G
B E K N H A B C R U W Z Y O L L N S
J D T E S I S N W A Y A H A S E A U
Q S W I V Q Y Z J T R M Y D A W A R
G O L L E C T O R R O U T E M O O E
J I F C L O U I Z R R Q U H S Z R A
J L S B Z E X P R E S S W A Y E C C
S V N A Y I N T Y U H T O J W I G E
```

11

```
C O R D U Q P X E Z N P N R W A R H
L O L F E P A L I C E C O O P E R Y
L E N N Y K R A V I T Z M R N D A B
W Y P S P Z T X N D F D E R D R S R
L R P H R M H M Z Y N D A K U K T I
D Z P V R Y U G L B D F D F M E M A
A V A D J H R L U Z K V E Q R M J N
V H U O F A K L C R Q I B Z A K H T
E J L G Q K I R A D H P B R E W K E
M O J T G R L M F C Q W G N T T K A
U H O Q K D L W I D U Y O K B D
S N N Y F K E R W D O W S K M L Y W
T N E A K E R R Y L I V G R E N V E
A I S J H G K C X F M H X O U J B L
I C B G I C A F J A D U Q W B C
N E A Z P J W N L E E V E F A E W O H
E
W H P Q W K Q C L E Z Z B W A L O S
```

12

```
S T A N D A R D L E T T E R H E A D
R X C T V C A N V Q Y K D X D O N H
V G H K T V N Q H H M S K R F M U L
X C D N L Q T J F H W O A P S I G E
O O C V F U E X Y G C O J A Y B K D
N M F O C L O S G E B T R A C I N G
I M Q I A W A T E R C O L O R D B E
O E A T S T Q V E M D N W E W X M R
N R N S H J E T I W N T A D X V S F
S C P N X S S D X R Y D C B O N D R
K I K K V O D O S E Z Y V M H U B
I A O D P T Q X B T A J E B U D C M
N L I Q C K X L I H O X P R L C J Y
M C U X U O Y Y H E C A I B Z F P
E O E B K A M V Z V C F K B O R K L
O V T J B U Q V E F U Q T T Z Z W
W R L P Y T E P T X Z O E L Y X M M
```

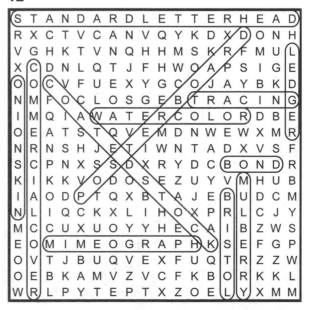

13

```
E T A U W Z M H U W F I K Z O I S L
D R A K C F J C N S X P U W Z R N V
U A G T P N S U Z Q Q L X G I I Q L
C N R A O Y O X S W F L V A F D N Z
A S I F D C T R I T G D F T W V U N
T P C Z B O S K G L I F H L A B O R
I O U D E F E N S E A C M O J R F K
O R L B E B X Q K S G W E T P B E O
N T T P D O Z G N A L X Y E C Q Z J
C A U E L V U A Q L T T C V C Y J B
X T R X I F R U Q T K R I E W I R X
L I E N C E I K O Y E E Q H G Y D P
L O R D T H Z P M M U A M N P U G C
I N T E R I O R M S R S T S K D F T
F P V P Q S Z O T U C U F O T K Y X
S N R E Q X C M X M L R Y P O A E Z
N I G P K U B O Z W K Y X U J A T S
H O M E L A N D S E C U R I T Y Z E
```

14

```
R I B T G B R O W N I E J M E D E M
W I O J W O C A D E T T E D A W S T
D H B L N S U D A I S Y A Y Q O W B
D O A H N A S Q Y J N F J D H D D S
T C A H N D R C I N F B K R Y G A L A
I K V C O B O Y S C O U T R A H I L
R A E I N I U V O A R X B G R K W L
L S N D M W T R X O Y U J Y R M R L
M U A I F L Q L D S C W N I O K G S
J U U V D T S A L R M P Y J W I Y D
N S D S T I S S U E V W O D M O M J
P J E J T S X G K N P J P T F T U Z
R V M N A O I R Q B H B U L L C Q N
S O F B I T B A W V W F M E I J F S
D L M D J O L C E D A G G Q O M G
T A P F X K R E W K Y P T T H B C V
J R T X D T E N D E R F O O T G E W
```

15

```
H G R V V C V V M S Y T F S D X B U
I L Z E E L F M N Q P I R H L F E S
L E V Z Z Y N R W T S E P E P U R V
A B B P U W U Q Z E D C D H D R N V
R X B Z G B E C M N Z S O A R I A T
Y L E F A D Q A U S E H U N E C R G
M C T N I I J A W N K N G K L H A O
A F N Q N S D R Z S A L A R N D I S
N A F R O E P A P Y H H A R U N E R
T B T L G L B M A S W Y S U N O F W
E P R R G N R O U X O Z S N A R L V O
L A O F A K P N L N Z P T A L C A A K
M E N I Z N M G B H J L U T C I A I U
G M L B T Y F A E C V M A I A N G S C
V U Z L R I H L A Z Y E R L T A I T
J L I M I L A G T F N V T A T G K O H
Y J A V Q H X U T Q R O G K O A T T
L O E P B A Y T Y D B R F A N N O H
```

16

```
E G Z N I V R V Q X Y O N H M B Z S
S C M E C O H I Q W L P P S F W I L
K C O N S T R U C T I V I S M N P U
C L Y K I F S C A R T N O U V E A U
H G L M G O T H I C R E V I V A L G
Q Y C L G W N Z R E U S X M T L A X
O S U S V L M G D A W R G P V V R U
L L B S T H C O L I J C G R P B T Q
X B I L X W M P K V W G K E B Q S G
I Y S E Y T I D C Q F A G S Z L A N
T H M Z S P E H B U V R J S K P N D
G A J O W T W K A N M T I I B C D Y
U Y P H D S L L N V R D G O D Z C K
P R A I R I E S T Y L E V N U K R K
F U T U R I S M R L M C P I G U A F
A I C E X Q L K B G F O F S C S A F X
N E X P R E S S I O N I S M B K T Z
B S Y V I D R F E R B A U H A U S Z
```

17

```
C O P E R N I C I U M X S L J Z E J
A T Z N V C J B Q K M A X A P W Z D
L D E I H L S A E U H M C N D X U T
I O E D T D T Q I L D Z N J B P C A
F Q K D R D A R M S T A D T I U M R
O T T U E H O E E T E X S W B W O U
R N L L T M P R Z V G N K S O O H T
N D R S R N Y X P T I T E Q U E H H
I X K E D L W E K B N B D J U I P E
U V V W W C T E C H N E T I U M R R
M I J N G S D M N E N R W M E P R F
L A M E R I C I U M I K R C X H T O
S E A B O R G I U M H E K U B Z U R
H E X N P X I C H R O L S O X T T D
T R X A B Q G I L N N I U E X B X I
P G L Q M P V S R Z I U G D J O N U
M E I N S T E I N I U M U O F V D M
R O E N T G E N I U M M L N K M C F P
```

18

```
Q G I V A O P H K T I L N Y B O X L
A C N E Q O R B T I A Z R Z N U I P
G T O B D R D H Z I N A A A R G R U
R G N M W U V Q T T T Y L J N O G B
I Y W E M K C N A I W U Q U O V I L
C F Z E Z E F A L L W U R D K E C O
U J T P D D R I T D F L T E G R C W
L Q P B I C M C J I W U I L T N O E
T G I S H U T V I B O Z Q P D M J O L
U S E A F X U E R A T N W D J E O F
R R S N V Z M M E E L P A W B N S A
A S S V E A P E L B L N I L T X R R
L X E A W K F H G E B I Z T X A J E
R E C R E A T I O N A L G V V L E D
O S X D O H P U R K C O N I W Z N A
I N D U S T R I A L Z R V U O I G U
Z L U L K K J H Z X T C M X R U W B
F C O M M E M O R A T I V E U Y S Z
```

19

```
F W G W J T I C K L E M E V A H R L
O L S C S Z O I Y J O B V Q Y R Y K
D G R A N N Y S M I T H C U X T M Z
D A Q C W I B T W I P T Z M S I X X
Q B N J E N O Y D R X F W E Z M X B
R R B D E G M T C D C Y J N L B N U
P J C J E Q N L K N A S P B E R R N
E L B M E L U Z T L M X E D D R G T
R B M H Y H I K D E P A O K H W C S
I Q E K Z Z V O L Y Z Q Y L X O A I
W R M K K B R P N Q A I C N H L D E
I L J J Z N R U B I J Q K V K F E N
N X F N E U B I T T E R S W E E T N
K Y T D P O Y E P W D F C I M W B A
L V L H T O C K V F B V W V E P L R
E O J A F H T R O B I N S E G G U W
G P N W G M X R J Z N Z R O Q F E W
W I L D S T R A W B E R R Y X H E E
```

20

```
Y F Q F B S U N R C M T T Q S C C Z
L E F B Y D Z Z M Z Y S G R V H A B
J F F I X E D C A Y A I K O A W P G
S E N G Y I Q C C T B E L R E I T A
N S G V X W P A E N U K M L I V T H
O H B J K R C R K X T E Z I A E O R
P L I Y I E O U O D A I V N B G L T
E M R I Z F Q S J G G U N G L N R T
R R O N S S H G Q R R K U U E N F T
A A H V J E P D A F C A L H O J C E
T N E E X G J F W I M D M M Q U H R
I K X S U A U D T F N R R M G Q S M
N C E T L D H A D W X E G I E S U P
G T K M Q M T I T E T X N W N D T C
E N V E G S V M P G M K G V Y S W A
L S R N K U O T N X A A B M J F M T
E U C T G R M O V H Q X Z J M K R Y
L K L P W V L R D B U G S D L T Z R
```

21

```
R B V R Y P K X H E B W A R I G E L
F A B B I K A Q A U P Q T X T Y V M
O Q W T V G X R D P R T K K S U N P
M W F J T R I E A M J P O V V B O Q
N Q V P J O P L R G L Q J Y K B J E
A R A W C I D P K O B G S F C L J I
F S U R A F B D W E S D F I C X P Q
T M E Z C J M D G Z N V V S R P P O
R O Q W W T W J E Q D T K K N I Z N
L C J U Q C U R K V M Y A N Z U U S
K Y J R L D A R L H C R A U D E G S
C B D S G N U P U T R M J K R U Z I
B A C J R N V A E S I T U S W U S H
D J N E L B E T E L G E U S E K S P
X F H O Y M G J O O L U G C L D Y M
H C U Q P F A T S V F A U X E K I M
A S M E R U E U D V V Y D F M T L B
P K D E R Y S X P J T B B C M M U V
```

22

```
R L Q F A S I A E H N C J A H A C W
K X X D Q N H E T I Z J V V T P C
A H H V M G P E L T N P I D G L V F
N S K O Y O R R J W V L A H K A I F
S O H D R A E T T Q L H E F G N Q I
A O H U Z B R S Y E L A Z D M T M Z
S V E A Z K N Z M K Y W T T A C O
F D N N O A A C B N D Z A S Z S S Q
V R P R E V J R Y G E R U H U J Q C
I W B L I H W U U R W N H C E X G B
Y H R D W O H Q N I M A F J Z K O
E O A R E X O R E J M M U I H W K S
Z W E T K G V N C M Y E W F Q D Z T
H C C P A T O P O I V R Z A K G C O
K O F C D D G B P V M I M M I F Q N
F E I Z N Y B Q U X P C V S Z V J U
E H M O F Q Z J U Y A A F W A I K V
C Q L J G U M C X B Q S B K J Y G Q
```

23

```
E A Q C Z T O C T B P P R A K H D U
E N J T H E S W E D I S H C H E F V
R G L A Q D J J L H O G M H K R G U
P C Q K I H H R C Z R U M Y N M H X
H H O Q B Z P I M A X L M O I K L M
S G I O P E B O E W T E I T U W U A
G K B C K D R B T V A Y W C R T Z N
A D Z E F I E T N T E K U M B N H S
U S Z X V I E H A Z S E A L D M M D
N X Y D Z U Z M I N W O C N K G K R
T R U Z O K L N O O D L E N O S E B
G J O R C O L N N N O E C T J G F U
R F U H E A Z Q J S S R M T M K N J
A D W S M G M E N H Y T G N X E D H
N J S I K W G K R H Y P E K I J Y E
M N M M N S P N U S K A K R G E V N
Y A O S C A R T H E G R O U C H M U
K E R M I T T H E F R O G G T C T Q
```

24

```
B D C I R C F M T Y Z M G F C H H I
R C S Z X Y Q I F K A P H W I L A M E
I C X O F Z A M F D O I F U U A B E Y
G R O N C B N S A Y U D C L T M A N U
H I V B L C E U P T W Z P A O F N U
T O Q P W O M N B C Y U E T F H O U
L L T I J R D G E U N O T A E R H P
E L Z F E O U R U F R T E K C H P C
A O O Y S J S N R L X L T I A D I U
F Q M P O H Q S G Z D M E A V C S O
F A J T B Q E N W A F W K Y E O R C
K G P B J U D T O K P E I U N U F K
L C D M Q N S R V M B J P L D P N O
J G D I D Q B H F M I P T A I Z Y U
M F R U W O Z K A H C J M L S X J J
S E O A C V K H V D H O C E H I J V
P O K L O Q W H T S E C M G E B T O
Z C E U M W A T A Y T D O H X V B B
```

25

B	R	G	I	U	W	R	R	V	D	P	Q	L	N	P	C	C	O
A	I	Z	C	Y	E	G	F	Z	U	S	Y	R	N	A	C	R	O
Q	V	V	W	W	W	J	G	O	P	C	Q	J	E	J	X	O	B
F	O	S	R	N	D	P	S	M	M	Q	V	K	K	A	I	W	B
Q	P	S	H	G	T	K	S	K	A	E	W	P	V	M	C	N	F
M	R	L	W	Y	F	W	L	F	C	R	W	F	K	A	X	Q	T
Q	A	R	X	B	B	C	I	I	A	Q	R	B	E	S	V	P	B
G	Y	X	G	R	B	Y	T	Y	V	G	P	I	W	U	B	E	D
J	E	S	P	C	U	S	J	I	S	U	F	Q	A	L	K	O	J
E	R	L	C	E	U	S	T	H	D	V	B	J	R	G	J	P	T
L	O	W	X	J	K	V	J	E	X	G	X	H	R	R	E	L	V
H	B	D	Q	E	F	P	M	F	M	S	U	U	A	V	Y	E	V
L	Z	D	R	T	T	I	J	U	G	N	U	N	P	N	B	H	U
M	A	S	Q	E	G	M	N	W	V	P	H	G	A	K	E	I	F
Z	Q	M	J	E	S	C	O	U	R	T	N	P	O	Z	A	I	C
I	N	Q	R	D	N	S	S	S	L	M	M	U	C	S	U	M	L
A	H	B	V	F	H	I	D	N	N	S	Z	E	L	I	T	E	D
L	Z	X	R	I	G	Y	G	C	N	M	B	P	M	X	Y	V	U

26

L	P	W	H	W	X	F	G	O	G	S	O	F	W	H	I	S	T
X	E	A	Y	Z	N	I	E	K	P	O	X	I	S	H	N	Y	F
H	R	A	V	J	D	D	W	F	Q	T	N	F	Z	S	B	L	L
B	S	A	Z	I	I	A	Z	Q	Y	L	F	C	B	V	O	P	R
A	I	O	B	E	Z	I	Q	U	E	G	N	X	R	G	E	I	G
B	A	M	P	H	W	H	Z	T	V	C	D	P	X	I	X	N	Y
G	N	I	P	K	E	T	V	B	E	B	W	C	M	H	W	O	X
L	S	N	P	Y	F	D	X	G	S	E	B	T	X	T	N	C	P
O	H	Q	Z	U	D	E	T	Q	G	B	Q	P	S	U	I	L	D
Z	I	X	H	Y	Q	A	H	H	K	R	A	L	S	C	A	E	D
G	R	A	N	D	F	A	T	H	E	R	S	C	L	O	C	K	U
A	G	L	F	L	T	R	J	T	T	F	D	J	C	Q	G	C	N
B	J	T	D	R	E	U	H	X	M	S	C	N	V	A	Z	R	O
P	A	M	E	G	C	N	Z	W	R	P	H	P	A	V	R	I	R
E	V	K	D	D	L	U	B	R	M	V	U	V	W	U	P	A	S
B	O	I	S	P	I	T	E	A	N	D	M	A	L	I	C	E	T
P	R	Q	Y	O	J	N	O	M	X	U	S	M	Y	L	L	W	X
B	G	I	N	R	U	M	M	Y	J	G	C	B	I	R	J	Q	Z

27

M	J	R	G	S	A	W	G	G	Y	X	I	C	G	F	H	A	H
Y	C	G	E	H	O	U	M	K	C	M	M	A	V	F	R	K	K
Z	J	V	T	R	Y	H	Y	V	M	V	G	E	U	H	I	L	H
A	P	W	B	H	E	K	F	R	L	J	E	P	N	J	S	O	P
W	V	E	B	P	E	L	M	A	W	O	X	G	M	M	D	D	L
A	H	R	H	Y	B	B	R	K	K	Q	A	K	K	U	Y	E	O
T	N	J	I	K	T	P	R	I	E	S	R	D	B	M	C	D	J
B	I	G	B	O	Y	S	D	U	F	U	A	M	H	B	W	X	X
Y	A	C	T	Y	C	R	C	Q	S	A	N	D	V	L	Z	W	G
T	Z	V	N	Y	Y	K	D	O	M	H	X	L	D	E	T	G	A
R	J	S	P	O	J	V	K	J	R	O	T	P	S	S	L	T	R
F	L	Y	F	A	C	E	Z	H	Q	P	B	V	Y	C	E	B	G
M	E	A	S	L	E	S	X	L	T	H	I	R	T	F	V	T	L
F	L	A	T	T	O	P	B	W	N	G	H	O	V	A	E	J	E
P	S	O	P	X	C	O	F	F	Y	H	E	A	D	C	W	N	S
E	I	Q	K	J	E	T	X	F	K	A	G	E	D	U	D	E	Q
K	M	H	V	D	K	X	R	G	I	T	P	N	Q	R	I	R	V
J	O	J	O	N	I	D	L	E	A	H	R	X	Q	F	V	D	M

28

M	Y	C	H	R	C	H	R	K	E	O	A	T	E	O	H	A	N
B	K	A	R	J	U	R	D	N	K	S	S	M	G	V	N	I	C
G	W	Q	E	O	L	H	E	T	D	Y	S	K	S	G	F	L	E
E	B	Y	I	J	P	D	E	M	U	B	Y	R	I	F	B	I	M
A	L	Q	D	A	I	G	Z	A	A	S	U	T	O	P	M	V	E
X	X	Q	T	V	P	C	Z	S	D	T	I	C	S	D	B	O	T
Z	X	I	C	G	Z	E	F	C	A	S	I	O	U	P	R	R	E
Z	P	A	R	P	J	Y	D	F	A	S	T	O	A	Z	U	M	R
E	I	P	U	T	R	E	F	A	C	T	I	O	N	F	F	O	Y
A	D	N	I	L	W	C	T	C	J	Z	D	Q	N	C	U	R	R
A	X	Z	D	X	V	L	G	M	B	I	H	S	G	E	N	T	H
Q	P	K	C	C	C	O	E	R	X	H	G	P	R	I	E	I	Q
J	N	V	D	L	H	U	E	Q	M	U	X	Q	D	Q	R	S	Q
A	P	Q	H	X	B	D	Q	L	F	D	U	B	D	H	A	G	V
W	R	Q	N	H	M	I	A	Q	I	X	O	T	Y	C	L	F	V
S	H	S	X	K	I	N	A	L	G	O	R	M	O	R	T	I	S
P	U	D	K	R	I	G	O	R	M	O	R	T	I	S	H	O	F
P	A	L	L	O	R	M	O	R	T	I	S	Q	R	B	Y	I	G

29

R	P	H	I	L	I	P	K	D	I	C	K	R	K	P	P	L	D
A	R	T	H	U	R	C	C	L	A	R	K	E	H	F	Z	J	D
Y	Y	X	E	F	G	S	X	H	D	B	S	B	G	R	Z	H	M
B	S	V	C	L	K	T	E	E	F	M	Z	V	E	A	N	R	Q
R	G	F	I	L	W	A	O	K	A	X	O	G	O	N	N	P	D
A	O	K	O	K	S	N	E	D	E	B	H	L	R	K	I	B	Z
D	F	I	Y	S	N	I	A	K	P	M	P	W	G	H	O	S	J
B	K	R	N	J	Y	S	X	J	I	K	T	R	E	E	V	O	X
U	F	D	V	U	A	L	D	P	S	D	E	Z	O	R	W	W	U
R	H	W	K	L	O	A	Y	F	A	N	W	R	R	B	U	R	X
Y	P	Y	G	E	W	W	H	S	A	L	H	G	W	E	L	L	S
M	M	U	R	S	L	L	C	P	C	M	T	N	E	R	J	Y	M
J	O	I	B	V	Y	E	B	E	A	F	B	S	L	T	H	B	M
D	I	D	L	E	B	M	T	S	S	Y	D	P	L	F	G	F	H
R	O	B	E	R	T	A	H	E	I	N	L	E	I	N	J	D	N
F	H	Y	N	N	F	I	W	X	M	R	W	F	I	B	U	I	L
M	D	R	G	E	L	X	L	R	O	N	H	U	B	B	A	R	D
A	U	Z	V	B	W	O	O	E	V	J	D	L	Z	G	U	Q	I

30

W	Z	U	G	K	M	B	I	W	I	B	Q	P	E	Y	B	D	E
J	J	W	W	F	E	R	M	P	H	G	D	N	F	G	A	H	T
O	K	Z	B	N	D	S	R	X	I	P	A	T	B	I	R	Z	D
I	C	D	N	O	I	E	N	T	E	N	N	E	S	S	E	E	C
W	G	I	C	R	T	O	H	E	J	D	D	J	J	Z	N	K	O
E	J	G	G	T	E	O	G	X	W	F	O	O	C	J	U	C	N
Z	S	U	D	H	R	B	C	M	U	Y	Z	P	T	R	I	R	N
U	E	N	Z	C	R	K	N	D	U	M	O	N	Z	T	V	Q	E
K	P	S	U	A	A	B	M	E	K	Z	O	R	N	P	T	B	C
E	Q	T	C	R	N	L	I	S	P	M	Z	A	K	P	A	X	T
N	N	T	S	O	E	P	K	D	R	A	L	U	V	L	M	F	I
T	R	X	U	L	A	F	D	E	S	T	C	B	A	L	T	I	C
U	W	Y	Q	I	N	X	V	U	A	B	I	I	F	S	G	Y	U
C	B	Z	C	N	O	Q	S	N	S	G	H	G	F	M	B	K	T
K	P	Z	I	A	E	F	H	K	Z	Q	I	N	D	I	A	N	A
Y	J	N	I	L	L	I	N	O	I	S	J	S	N	Z	C	S	X
Y	E	N	X	V	P	Y	K	Q	K	C	D	E	N	J	Q	L	Y
D	A	B	H	D	P	W	W	R	N	Z	O	A	W	E	X	L	K

31

```
M I S S I O N I M P O S S I B L E M
Z C E E T Y T U M A D X L M H Z B W
E V B G O H X G Z Q S E V K V P E T
U M X S I O E N E D F Z N R F V K C
F Z B K M L A M E T E N A O S N S N
E V B R G N I H O V S T P Q V K J U
L U U Q O Z C I I D Q M A T W M J J
E Y B B F T K T G I S N A Y L I G G
Q R T S I I I H W A Y Q I R I S G P
P W S W A G D M G G N I U O T T N T
X E E F U O C L G Z M S G A N E S T
A B R F A B F F F R R T I I D R K O
C Z E L G F D G H Z J C A S K E O C
I H G U N S M O K E W S V R L D E Z
T H S P G U Z B E N E O L Z R A I F
B M H H B V L R R H F E C I U Q N A
F T H E F L I N T S T O N E S Z D D
M Y F A V O R I T E M A R T I A N K
```

32

```
R K Y P C Y U E N B R S N S S D P J
J B K C C Z A N V L S O A R Q A N R
A K I W C M A F X E T E Z O G R W O
N V Y W R P E H N T R H I N E R Y S
E E B A E A L N O J Z B I T M A G E
O F I O L G N D T T N I E V D A L M
P S D X E N B Q L I L K Z A I L M A
P M D A P H Q T L Z N U K R T Y R R
A W L Y M M Q H A H A F Z Y M Y R Y
N E R D T T T Y C U C X V Q A K A W
B A S S O E L O E N K Z T F G O H E
M C N A B R K Z Y D B G I G R V I S
F M D Y E E Q U W G Y N J A E A N T
I L R V S B J A Y C M B Z C S L D W
Q A E L T O L T O W B F U Y E Q L W
M B I Y U D H G E N E N E J O N E S
G R I S E L D A B L A N C O E N Y J
```

33

```
V M F P E I Y R Z D O V L F N S Q Y
T K M F R Q T N O Y A J H U Z O E A
H W H S C H I N D L E R S L I S T X
E B B U J E K G F W L E O D W E O M
C X I D K V H E G P H J M Y T L Q L
O K S S U A T H E T E R M I N A L O
L K G D U U C W F I B V G E C A I L
O C 3 8 M C N O V Y B Z T 3 G J I O
R C A G J L E D H L B M E Y Z Z K S
P M I N O R I T Y R E P O R T E B A
U O G C I X N M O R H C R J A G K M
R C N P D C M Y M R U T C G I R D I
P I M U B X W Z J N X W D H T O Y S
L E T G H F W R F M D S U R A J L T
E F Z R A T O Q O K L O E K P K K A
J U R A S S I C P A R K L J A W S D
C A T C H M E I F Y O U C A N G J O
A L N J O X R W A K Y U H O O K Q V
```

34

```
T T J H Y U B E S J X Q I E Q U K B
S P T C O D O I U J T O G U C U J I
X M S X Y N S S F T Q T P N Y K Y D
T R G A Y H P I K L L H X C V T S C
C N R C Z D U E B B M E C B U B I H
N K K O B A F U A D C L K L O J K E C
F S Z H X J K B C Z K L Y S U A Q C
L T T S G I L E K O O U E K K E I K
E S O V M H Z Q G K T O N C Y B O E
J G O M I O W S A T N J Z K H X D R
R R U I C A A C M I F S N F C D M S
R R O Q S W R I M Z C C M Q K M A
I Q A J S M I O O I H R H F D M V F
S T H E W H D B N I I A N E E H T V
K M F T J T D X Z G D B O P S K B L
M A H J O N G G F W X B O R W S K D
R N A N Z B O J I P A L K F A M V Y
P P Y M V M P C N U U E I U O Z S C
```

35

```
T O C M Z O O X T G K F R O A X Y N
I H L Y N P B F V E E A N Q O F Z L
K W O Q E T O G C D L I T S J Z Z X
M T I M S U Y U O S T E V E T O O K
B D A Y A X O B I N H Z D A R W Z
A I S B J S N S E U U C C V S B I A
Z Z S O L H U R V D F S G W T J L C
U A F E G E A R H A Q N A J E S L H
J R R U H O L U Q O Z E S O V Z I A
T A A M R R S M J U P H I U E S A R
K V Z T D Z Q E O H B X Z I N M Y
U G E X A Y K D B W L A R S R F T A
I I M I O U N S X G U A R Y I L L Y
P T D T L C F E S L X C R T I Y L
D A V I D C A R R A D I N E N B L
W I L L I A M T H A C K E R A Y O O
M I C H A E L H U T C H E N C E C R
A D O L F F R E D E R I C K G Y K V
```

36

```
T H E F A N T A S T I C F O U R E X
D O C T O R S T R A N G E G S F Z Y
U D T Q T I K F W A H X E H G R G H
Q B F Y M N N W Q X E Q L R W X T L
T I T H E G R E E N G O B L I N A Z
H S U T D I D S A L O K W I Y V A A
E O L Q A X A C N C I Z Y I J M X A
H F B K R E U A H F R W J R S U C O
U I T L E E M R I I Y K J O D F P Q
L J Z M D R B L A C K P A N T H E R
K G I Q E P V E F Q K A U M F J N Z
I P C D V C Z T C C V B Y A F P M B
M Q I N I Y O W J U P T S N T G L T
L P L H L C S I L V E R S U R F E R
S E U T F L F T O I E Y C T K M F K
Q I E I S O J C C I R F R W Z N D V
H N G U N P F H P R O F E S S O R X
U W E K J S R T K L C P V P E N G J
```

37

```
F Y M K X Q B G W F H S V D W H E W
J Z A O M A L L O W M U S T A R D Y
K G W T R J M U S K Y S B E L O C R
B G G N N N U I G R P L D B I Z H A
N Z N V Y Z I Y G W K A J C B S T J
V M N C L C M N X M H J L Y A Z K Z
N J W N O U F K C S B C F N D X P F
C O X N K M J V T G U K S W G F U Z
Z H T T L P P H W Y L G C G Q S T O
O P A H O Q G O B Y J O R A D Q W T
G R V X R I J U S M A U R A U B N M
M I H D N X Q Y T I B X Q Y S S R X
V N Q P A R S L E Y T H C K F S D R
B U C K W H E A T F B E Y I F Y P N
X Y U D E D R B A H I T S K T U P P
I Z Y P F R Z K Z V J F X G O U R D
Z F V B C A R P E T W E E D F X G V
G O O S E F O O T A M A R Y L L I S
```

38

```
T B O B B A C K L U N D M H D K I M
K E N U Q I H L T Q P Y Z Y C R M W
C V R U N H R P E S M T Y P D F H W
E Z I R E Q J X L W Z T K Y R I S L
O A B R A H A M L I N C O L N P A S
E G L E N N K A N E J A C O B S A X
K W D I U C C C Y G U D V H H O T R
S U R F D T R E I I T V X Q U S I I
O D O N A L D J T R U M P W R T B C
I A N X D L O Z B H X B W D L J I K
B R I A N B L A I R Y E P P I U S
J E R R Y L A W L E R N Y P L U T
L F F Q D L U D V I G B O R G A E
J E S S E V E N T U R A Z G H T I
J J F W I P Z K I V J H T Z E M N
J E D U Z Z E U F E L Z G A Y R K
V P N I K O L A I V O L K O F F R
I T S H V G O C E S D H P V Q D N
```

39

```
R W B A N E H Y G P R Z H M N E G U
D R O I U F S U S A Q B F K C L O P
M Y J N A G P A G K A Z Q A Z P M T
L H N F E L H I S O O U F O V N M J
M X Y L K S F D Q Q S Y W P P G C U
X I I K M C W D J C A T W O M A N C
E H B P I R V T L L O E R E E C E S
B Y W H V H F L C J E M S A M W M S
X M N M D G L R G G G V I P N Y S L
L M E S M N T H E J O K E R F G T R
P T H E R I D D L E R A M J S U E Y
I M N R N A C J F V Z S Q V K E X N
R A S A L G H U L N E E G Q I Y Q N
B V A K A T H E P E N G U I N U R G
B L A C K M A S K I N C Z O U G K N
U A L L M A D H A T T E R Q Q V Q U
K I L L E R C R O C Y P R C Y I G G
E D I S T X G V D L J U P G Q F N N
```

40

```
R E M I N G T O N S T E E L E Q J Q
J Z J D Z D A M V O F X C O W X M L
A J M L B M A L L C F C S B K Y J M
T O U G J F I U N R H M G E J Q Q U
D L R L Q Q N A S D X O T L O P I R
F Z T P R V C Q K M F D O K S T P K D
Z K H L D T S Y E I X N S B M S N E
A D Y E A K F L N V L Z U Q F I R
Q U B Z A K S E P S O I N T J A G S
O A R P W T R T P U V G C H M L C H
H M O Y C J E P H W A H B E Q C T E
V I W I H Z V A D M X T N V Z O I W
E I N Q E X W F M A E I V Y T N D R
Z Y T H J Z E M H M Q N S D G C C E O
V U S X J R B B B W D C G N R P E T
S Q W Y D T H E E Q U A L I Z E R E
M A X H E A D R O O M I C R I S F B
C A G N E Y A N D L A C E Y P T E D
```

41

```
J E A N M I C H E L B A S Q U I A T
A R L E S T E R C H R I S T I A N B
O B H V W P E P R H L S Q D X K C O
P Q B R Z G N F I U N T B J U U A J
R O C K I N R O B I N R O B E R T S
C Z K R H J N M V N C H X T J T M Q
X T P W R S B L Q T R T H Y O C A A
X Y L J B G E R Z J T D U E O O A L B
R A C P I B D L I E T P B B F B C K
U U B V E M P T R A A M I T R A O X
D C R S F N M M S C N V P C U I L O
D W S H A Z C O M O Z J D J D N M A
L E S L I E H A R V E Y O U Y W H S
J A Y D H X V C K R M D Y N L V A N
S P M O O D U C B I U X X E H L G
D M A D K C X C H L B S W S W S E I
J A N I S J O P L I N S O U I A I F
A M Y W I N E H O U S E Q N S Q N T
```

42

```
C E L E S T I A L M E C H A N I C S
L D S L C L S A C C N O E B J K O F
R X I Q I I V K R O X A R F S T A Z
A Q I F A B H B I S Z O U D P B L D
D S Z U U J X D X M K P P T C D A P
A A T C I P A L I O M B R G I M Q Y
R S A R Q R Z U A L P B R Z T C R P
B T C N O C Z X H O Q K G T H A D
X K B K H N G G X G R A D R E M A L
D O Z T R C A T Y T D H M O I S T
W P F X P O J U S J H I O K R E T U
K H X M S M J T R O N S S E Y R O R
Y Y I T R M Q H U I O N J H T Q O K
Y S X Y P O G E K R C Z L I S M E W
Z I F C O G U E H K J S W C C A S T Y
A C J Q P O F C S P E N V D A L U R
P S P L A N E T O L O G Y A L U R Y
F C Q I B Y T N U M F Q Z G M X Y
```

43

```
T V T H L B C J A H Q E A Y I G J A
F E L L E D S E A M U T W I L L T C
L S M X A T N R H X N T V V H E N D
I C Q J J Z B C O Q H P M J V F G T
G E O G C J C I L G C S U I L K F B
H I Y E M S Z Z I M N U R U E E A X
T J Z C B L U E P O G H V G W A A C
W F G N Q G W D T E Y R D D W R A W
E G O O H D O T S W M E N W L U X O
I A G G I V U S O C V A Y K H H H L
G B N M H B M K T L P Y P S M J H A
H P R V K J S H E R L D Q R S U Y M
T D A N X E G S A T E P Z A P N M L
V U A D T X F W K S O T X K G G W N
T H Q K R S M M D N Q N C T J O O S
S E C D G B T G C I P H H U P H B
H E A V Y W E I G H T O A X W Q Y J
R P V H V T O P S T I T C H I N G W
```

44

```
T H E I N C R E D I B L E H U L K E
T Y S T A R S K Y A N D H U T C H G
E G J S E V X T Z K U G J Z A L G B
A L L I N T H E F A M I L Y S F D M
R J X K S G J V M H V N A R P F B I
U L P A K N I B A R U M T W H Q T A
S G E T H E B I O N I C W O M A N X
J G W U V S J M W T V F W N N X A L
H B O F X T Q G O R B R R D Y G Y N
M A R Y T Y L E R M O O R E U R O N
K P P U T H E J E F F E R S O N S
R A P P Q A B D Z A D K A W T F Z J
Y D K N Y N W Q P L U A O O M E S R
E Q R T F D T C I O B M U M L A N O
I U B O A H A K C C X E H A B I S I
X S O R V C M Y E Q X J Z N H Y Z H
B C H A R L I E S A N G E L S H W Z
L A V E R N E A N D S H I R L E Y D
```

45

```
L S M G M W L A I P B K R Q W L K L
A Z F D A Y F B B A F S M I V O F U
F B N P G V W B W K H Q D S G O B G
X V S A M O U N T E V E R E S T F Y
R L R C B D O C A X E A V L G R Z X
D H J K K C D N S Z I M V H F R N B
T A K L S J R U U L X N E O Z M Z X
O R K H I U J Y K B S B U I N B F P
E G G D P Y W O Z R R K G S K O Y Z
M B M A M O Y W M O T O G E S T E W
A N S H X A S X P K N A G M U O M
N N T C R U Y Q T O D E X D L N J Q
A K A N G C H E N J U N G A P R N X
S E O S A F W W P N N P K M M E H H
L D H A U L A G I R I A J M K P A F
U G A S H E R B R U M U Q E L M J K
E Q S A V Y N N A N G A P A R B A T
S H I S H A P A N G M A V Q D Q X T
```

46

```
T H E L I V I N G R E E D I N L L
K X A Z W X I M K R X B U G A Q E K
F L S H M J Y Q A M U Y W M O D T P
I D T S R G C Z M N K P O G A T T P
I K W W U M I Q O S D W B C H V E V
P S I Y X P O P A Q L A N X O L R D
M O N U A B A N V A K P L I U M F O
X Y D B G K I S I M B I V A S L R O
J S W A S H T R V P C W T T E G O M
L I E N C E E D N Y X J H H D I G P
Q Q S P W P Y P D S W M E E P V K E
N S T V M W R A Q A B R M P R I O K
K Z W I R U Y B J O U Q O R I O K D
C A I W N S Q N R D C D T O D H I E
I U N J I Z O M I J V A H M E A N T
C G D X V Y A U S Q P O E I G R T H
W D R A G O N S E E D S R S U M D T
T H E H I D D E N F L O W E R T F H
```

47

```
V O N H A M M E R S T E I N B U P X
G V L T P A U I K O O W X E D R Q P
I B M O I C S Z Q N Y J L G E W U K
E I I N Y O D S I V K G G O O Q U K
M R L V R U K U N B A H N H W V D F
V I T U B L I X O S T I O K K K Z X
A H O Y L L S E O G F K O U X Z B Z
L U N R U P Z R L D X R O W F K V P
D G K J L E M I L I O L A R G O U M
O O R F E Z L O V O Z O S V N L U
R D E X C C G C T R N D U R L P T P
V R A S Z H C J X W M L A Q U L J R H
E A T P I Y Y I N H Y F A D F A I J
N X R R F G Q W R H M S F Q R I G X
D F U K F A Z I N L M R B I G G G Y
G A L M R S A N G U I N E T T I E C
G S I B E W O C K O W G D O X N R U
E R N S T S T A V R O B L O F E L D
```

48

```
H Z H X D V P A A I P I K X P U A A
O N U U L Q Q U T M N M N A L S N W
N V X M L U V Y F A N Q I Z U E D O
K V A L S K J K X C J V D N C T R U
Y T O O Y R H G C H I L N N K X E M
T H M M G U G O X O Y G H F R X T B
O E M H U H L K G M Q O E I Z K H Z
N U J E Q H C I C A J J A Q C F E E
K N M D K O Z Z A N N L R O P G I A
M D M V R W R C V S F O P O U L I Q
A E X E T T T W C K U S E D W A N L
N R H C E U P D C L X T U D A N L X
L T L T E D D I B I A S E Y D X T X
A A J L U X R Q J N W F K G K Z J U
Q K I R O N S H E I K U K I A Z H W
R E Y M Y S T E R I O T E P I E M K
U R E A Y W T V G Q E N G E B X T U
V J V G E O D Z M F R V T R Y G D B
```

ANSWERS

49 50
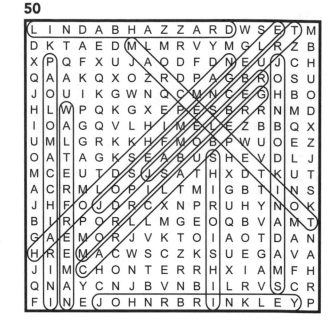

51 52

53 54

55

```
E W X F M C F H N V Z Y G S D Y V R
A Z I W G L L H X J G P A L L H W F
L G V S D Q Q K L O H A I J W J I U
A O Z D N Y Q P L V T N T D A I P P
N Q L S M L B O U W I D S A O Y B Y
D K M Q C R C P E R C X H N X E T S
S Y E L M E T X F F B R B A S I P X
C B M G O G D M X W H A B S N N H D
A J O E C E N L I C K T N U E G R N
P C L B I O G E O C H E M I S T R Y
E A S L K X I D R N R M V X D J D W
P I P P L K O T O M O O Z D B O X O
F P K X L E R C E C S V B Y E F I F
A Y Q I N X W B Z F O G U I T G U F
G X O I I P G U H G Z D V A A K X
R S R C O N S E R V A T I O N L O C
V A E C O P H Y S I O L O G Y J M U
M P O P U L A T I O N B I O L O G Y
```

56

```
P R I V A T E F I R S T C L A S S B
F I R S T L I E U T E N A N T F L R
T V H C C N O O S Y U R B N P G I G
E K U M O G I A G Q O Y N B N U E A
W W V A C R E I S P H W M W P N U D
S G G J I R P C R Q Q P A U N E I
R R F R X A C H R M H E P R K R Y E
G S H G X E D Z Y A H S O A F Y S R
E X P E C E F S G J L O F N K S E G
A D Z N M P B L O F U F E T O E T E
N C A E G H E K X N J W V O V E N N
T L I R V N A N T V K V L F C G E E
M S L A O P M H G I W D L F I N R R
A P Z L B L Z Y G A S A W I P A E A
J J O J X G K Z Q Q L T Y C J N R L
O C F S S J O Q R N Y Q T E O T A Y
R P G I Y X C A P T A I N R Z L L Y
```

57

```
P B Q K R R J G V R B Y K M P T L O
E X E T I D T M D M X J I F Z F E Q
R A N T O N I O G U T E R R E S E K
E H X C A W O S H L H N H O H G O
Z N H H Z A S Q L D T O A W D H X I
D U T S D E N H L J J M A A U Z K I
E U Y R E X N A B Y Y X Z Y I L F A
C W H K G C W R N N E Q D I D P V N
U E B O U T R O S G H A L I P V B N
E A F G R Z O E J K M X K O T X E A
L P A U R M C S T O H I X O L K O N
L Z K G I N V A T A P Y P G W D W P
A V P K F J Z H A E R J X C I V Y U
R R N U L D C N E X D I G R X P P H
J A A H N G H K F A B N A C H H J X
B G L A D W Y N J E B B O T H H T R
D A G H A M M A R S K J O L D S D I
O N S C E G L F P T R Y G V E L I E
```

58

```
Y G W P O Z C S G F A L E R I S T S
N U M I S M A T I S T S Z J K D W O
V Q P K F Z P E B Y M I A A I R R
J V F M C E S L L X D H L V R S E T
O M X L Q P I N H K F Z P X E C A M
H Q D Y Y H K B O I G O Z T K O H Y
Y Z W P E A M D V K M O A E P F M
K L S A T M I B N K J N W O T H P P
E D T H E E K H E E W P N M R I S A
Q O D C X R B I B L I O P H I L E S
N T L X O I N T A S E T H L N E U U
Z R V O N S O H U O Y Y I K G S K L
E S Q U U T H M K G A E P B E G M P
Z P S A M S L X T U U W U Z R E P R
D E L T I O L O G I S T S R S Y Y N
S R B F S L I P O T T E R H E A D S
N Q Q P T P H I L A T E L I S T S J
X L X V S A R C T O P H I L E S J H
```

59

```
A K R G A G U U G Z D V K Y P W J P
B Z Z W U V U M H J D Z R P A I R T
S B C T G N D N L D C O C F F O C B
O I C H C F A V U Q E A F L Z I U F
L F M P O A R L A H W N D U Z M S O
U Q M O R T K E T C G T L O X G T P
T W J D N O E J Y I J R F D A D I
E F X C C M N U Y G X M P E Z D N I
Z V R G B I E B F P Q A I S M Q D L
E L L P R C R H L L D T E C A Q A M
R U Q T T M G V R H N T L E H X R H
O J S M H A Y A M N X E E N B O D F
M W Z H O S V J S F G R C C W H M Q
E H I G G S B O S O N F T E K S O X
V D R E L A T I V I T Y R P A W D O
F W H F P Z E W V I K X O I S B E G
Z U Z G A G G K J B A B N B O M L Y
D O P P L E R E F F E C T F B H V A
```

60

```
L C I K Z K E F Q F C U K N S U S X
E E C J X G D L J T P X S Z D N D
O C A H T O I E A Y G S F K A I K R
O R Q V X S U D D V A G S O A K F E
K H H P I F F U J G M W R G Q P G A
I G V K B N H Z N D K Y A W B U O L
N B H H D H G O S U R E A Y P N D M
G H T Z Z S O X T M I X O V Q B L A
F J S F R S M C N G W U Q M Q B N
O C F J E S I U H A Z O G P S T D E
R K J I C O K O E J W V F O R F A X
S O N U G C C F H G E E H I R F G R
P N K I J A Y C Q M X X T G R D A P
A G E R B O U B M O H A Q P Y Q I
C X N Q C I O M K R A D D A L P
E S W E E T S U R R E N D E R A N S
W I L D M O N T A N A S K I E S N
R O C K Y M O U N T A I N H I G H E
```

61

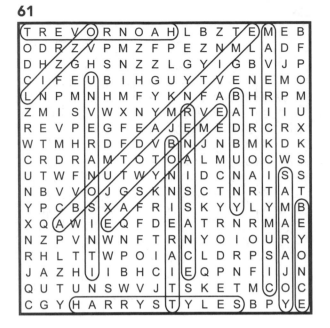

62

63

64

65

66

67

68

69

70

71

72

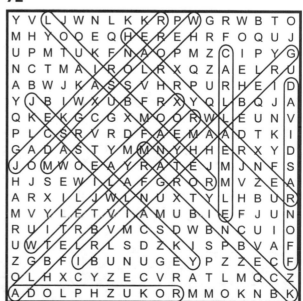

73

M	E	E	T	T	H	E	P	R	E	S	S	S	P	D	V	W	I
R	M	O	Q	T	O	G	J	I	J	K	P	F	I	U	L	S	K
L	B	V	Q	E	N	D	V	G	N	O	T	P	N	R	F	A	P
U	A	X	E	I	C	I	U	F	P	T	V	O	A	P	S	Z	Y
J	P	E	H	B	T	Z	D	E	W	A	Q	S	P	K	M	A	C
S	L	E	T	F	U	P	H	C	Q	T	N	D	L	G	H	E	E
A	W	O	T	P	Y	T	Z	L	T	O	I	G	R	E	E	S	J
B	N	C	L	S	F	G	H	H	N	R	X	K	N	W	Y	A	L
A	N	J	P	O	X	M	U	V	G	T	H	A	Y	R	H	N	R
D	D	O	P	Z	E	V	E	N	I	N	G	N	E	W	S	O	U
O	I	O	X	I	B	Q	B	V	S	E	E	U	U	J	Q	K	N
G	T	I	T	I	W	E	H	I	P	M	N	U	P	M	Y	P	W
I	A	V	G	E	N	E	R	A	L	H	O	S	P	I	T	A	L
G	E	S	J	U	N	C	L	A	N	W	C	K	F	Z	F	P	E
A	O	G	I	O	N	L	E	L	P	Y	E	H	E	C	M	R	B
N	C	O	R	O	N	A	T	I	O	N	S	T	R	E	E	T	I
T	H	E	T	O	N	I	G	H	T	S	H	O	W	N	F	M	A
E	Q	Y	V	L	Y	G	Z	L	H	S	G	F	U	Q	G	N	U

74

N	O	U	B	U	Q	Z	H	M	Q	C	P	F	E	R	H	R	J
Q	Z	N	F	N	C	T	K	K	A	L	L	I	K	E	Y	C	A
P	O	F	J	F	U	F	S	Z	G	Y	A	Y	U	U	P	F	C
A	B	N	E	R	D	O	U	B	L	E	D	A	Y	C	L	U	K
N	S	Z	E	J	L	O	I	V	F	I	U	J	T	S	Q	T	I
B	H	B	N	E	W	Y	O	R	K	Y	A	N	K	E	E	S	E
G	A	M	W	A	Y	D	T	O	L	V	X	V	E	D	I	Z	R
B	O	Q	Z	T	L	U	X	L	C	O	P	Q	T	A	L	M	O
G	N	U	I	K	F	L	M	L	D	J	U	A	G	F	Y	Z	B
F	Y	Q	K	Y	T	T	L	I	H	B	S	G	C	U	E	M	I
P	O	Q	R	O	L	L	I	E	F	I	N	G	E	R	S	H	N
U	I	F	R	K	E	J	D	H	F	T	N	F	I	H	P	N	S
X	Q	J	L	X	V	A	O	E	Y	Z	R	O	N	G	R	B	O
V	A	O	A	Y	Q	E	U	M	C	Y	Y	O	U	N	G	I	N
B	L	A	C	K	S	O	X	S	C	A	N	D	A	L	R	B	G
N	L	O	S	A	N	G	E	L	E	S	D	O	D	G	E	R	S
D	E	D	D	I	E	G	A	E	D	E	L	H	G	P	Q	Y	R
I	S	W	R	I	G	L	E	Y	S	T	A	D	I	U	M	K	L

75

C	T	T	T	F	E	M	M	E	F	A	T	A	L	E	L	T	R
A	H	H	R	E	L	M	G	O	H	O	F	N	X	E	L	E	A
R	E	E	P	A	H	I	M	V	V	O	G	M	Q	D	L	T	Z
L	B	U	R	E	I	S	S	B	V	F	H	Y	A	B	V	C	J
I	L	N	Q	C	S	S	U	K	W	S	O	B	U	Z	U	A	D
T	A	T	Q	F	X	I	I	T	I	C	C	O	C	Q	M	R	J
O	C	O	F	D	Y	O	Z	N	R	B	D	D	U	E	J	R	A
S	K	U	Z	A	I	N	I	V	G	Y	U	R	O	N	L	I	N
W	D	C	F	K	C	I	Z	F	D	C	W	C	T	O	G	E	R
A	A	H	B	U	R	M	T	O	N	G	A	U	L	Y	D	T	Y
Y	H	A	I	R	I	P	B	O	F	L	O	I	Q	R	Z	P	O
E	L	B	D	C	C	O	I	D	H	W	N	C	N	W	S	W	R
G	I	L	D	Q	E	S	D	J	O	V	C	Y	A	H	T	Y	G
V	A	E	Q	A	S	S	M	L	N	S	C	A	R	F	A	C	E
X	Q	S	M	E	D	I	B	K	Y	K	U	U	I	C	F	E	L
S	G	T	S	G	O	B	H	J	X	Q	K	Q	F	V	X	D	G
Q	F	B	H	O	X	L	B	C	M	J	I	N	K	F	Q	H	B
C	O	T	G	D	R	E	S	S	E	D	T	O	K	I	L	L	E

76

C	E	K	W	L	F	A	T	G	I	M	J	I	O	M	A	W	L
H	P	J	I	Q	F	Q	B	R	P	S	J	F	S	W	H	C	K
U	H	X	L	Q	S	U	G	J	E	T	N	V	A	N	D	G	Z
C	R	C	L	E	X	U	D	N	A	F	O	G	I	V	W	B	Y
K	A	P	I	A	N	T	H	O	N	Y	E	P	R	A	T	T	B
K	I	W	A	T	J	G	N	K	K	S	Y	Q	L	O	O	W	M
E	M	G	M	D	C	T	I	E	A	K	B	R	E	J	K	I	E
N	H	G	H	B	E	B	T	H	H	T	D	Z	R	S	X	G	R
N	E	A	S	M	M	G	O	J	C	N	S	E	N	O	Q	Y	L
E	R	R	T	N	E	R	I	A	U	X	M	F	O	B	K	D	E
D	T	Y	O	P	O	Y	W	L	T	A	J	T	R	U	U	F	R
Y	Z	G	R	G	W	C	E	I	Q	R	G	I	U	Z	X	X	O
V	A	Y	E	G	L	C	F	J	G	Q	S	L	B	G	H	B	B
C	N	G	Y	U	U	X	G	T	T	N	P	E	I	H	X	C	B
X	O	A	D	R	E	J	W	K	X	V	S	H	K	J	H	G	I
I	H	X	B	E	R	N	A	R	D	T	A	V	I	T	I	A	N
M	O	R	D	E	C	A	I	M	E	I	R	O	W	I	T	Z	S
K	E	N	N	E	T	H	J	O	H	N	S	O	N	K	I	G	A

77

J	Q	Q	E	N	T	Z	X	F	Q	A	C	R	R	B	M	P	C
N	T	V	A	A	D	S	O	P	Z	L	A	N	H	P	W	M	P
K	B	Z	Q	J	B	G	J	T	H	E	V	U	L	T	U	R	E
T	C	A	L	D	S	V	V	H	V	N	J	C	P	M	R	C	A
H	X	C	B	B	X	N	X	H	H	Y	O	W	D	O	V	A	C
E	W	J	X	U	I	F	O	Q	N	N	S	B	O	X	G	F	K
G	Z	G	B	V	K	P	K	O	H	N	V	S	C	D	I	W	P
R	E	G	N	Z	F	X	I	J	K	Y	U	A	T	J	K	J	C
E	O	Y	B	M	P	P	S	M	O	I	D	M	O	G	O	I	T
E	X	F	R	Y	R	S	F	O	B	I	S	R	R	W	X	J	H
N	X	W	Q	O	M	H	W	R	O	P	V	Q	O	K	T	V	E
G	O	I	C	Z	P	E	O	L	G	B	Z	U	C	M	I	X	L
O	X	S	V	X	E	M	H	U	D	Z	B	J	T	C	A	P	I
B	A	V	Y	H	J	W	D	N	C	R	E	H	O	C	C	N	Z
L	B	E	L	E	C	T	R	O	D	C	U	O	P	V	C	H	A
I	T	H	E	H	O	B	G	O	B	L	I	N	U	P	H	J	R
N	Y	T	Z	S	A	N	D	M	A	N	O	G	S	A	L	V	D
T	J	K	R	A	V	E	N	T	H	E	H	U	N	T	E	R	M

78

P	R	I	D	E	O	F	T	H	E	Y	A	N	K	E	E	S	A
A	J	I	N	V	I	Z	K	S	M	E	C	I	U	O	B	L	L
X	V	I	Q	Y	T	S	V	Y	U	L	F	O	Z	J	L	T	E
T	H	E	B	A	B	E	V	G	L	S	K	K	B	A	Z	H	A
I	N	Y	V	B	X	I	A	A	A	A	C	K	B	B	N	E	G
K	B	S	N	P	X	E	B	T	E	Z	J	Y	F	Q	R	N	U
V	S	N	B	S	L	E	K	G	A	S	E	B	I	Y	N	A	E
M	V	R	C	R	S	A	X	H	C	N	T	U	E	N	L	T	O
O	O	C	O	A	P	C	Z	X	O	O	O	L	L	V	F	U	F
H	D	J	B	G	O	X	T	M	L	F	Q	L	D	A	K	R	T
F	A	R	M	U	T	B	F	D	M	S	B	D	O	I	A	A	H
M	M	O	T	S	B	L	N	C	F	U	S	U	F	M	B	L	E
D	W	V	W	F	T	A	D	D	Z	O	N	R	D	S	T	D	I
C	L	Q	H	G	S	Z	A	K	H	Z	C	H	R	U	I	N	R
B	A	D	N	E	W	S	B	E	A	R	S	A	E	S	Z	T	O
N	H	Q	H	H	K	M	P	T	F	A	W	M	A	K	J	W	W
B	C	T	B	K	L	Z	J	K	Z	X	N	I	M	E	M	R	N
D	M	Q	P	E	G	Q	M	R	M	L	O	L	S	C	H	C	B

79

```
W H I T L E Y S T R I E B E R F U L
B P G Y Z Z E Z L F R E V Y O D K Z
S Q F K G X T N P J P P J T P V S F
C J W U S R H V Y N Z S D V V K S G
T D H G L T T O E V W W Z C I W C O
H O R A C I O Q U I R O G A C X B T
S P Y J J T G R A D Y H E N D R I X
T A D A Y J O M M W K A E D H N J N
E B Y C E V C R C N P J S R X F Y T
P I Q K W B R A M S T O K E R F R U
H D Y K U H Q L M Z E Z B W Y X N Z
E C X E W V C A D D T C K S O J E Q
N J B T Y J U L P I A N N E R I C E
K R I C H A R D M A T H E S O N J P
I T C H R I S M A R T I N D A L E D
N S F U H D Q B E H Q B H A L K J O
G U P M H O R A C E W A L P O L E X
G R E G O R Y A D O U G L A S Y W D
```

80

```
C O M P A R A T I V E E E F W V G O
P K J P F M B G L M V V O B F L F U
G H U X B H G A R I A Z Z N D Q T T
W D G X T V U N T V P P S I Z P N U
B C R V Q E T A W R C H P S X Y A N
M P D H Y S T G U W N N H Z L O Q B G
P S Y C H I A T R Y T I I U I O S G
I Z O B T L O B O T Z P I L Q E N B
X B L N Q L O T H B O E O M D I D I
C U A D X L B C P R R P A L L T N
I U G E U H O Q B L U S Z E R T F D
Q C O G N I T I V E I O S L A X C U
S M P P O N R P C Y M N W S H C X S
C Q S K S J B U B E U N I C S Z V T
N C R C Z Y A Q E O O E P C D X M R I
K K C N W G G H C L A L R O A J B I A
D E V E L O P M E N T A L O P L U A
E X P E R I M E N T A L C J L M F L
```

81

```
L V F O N W H I T E A N D N E R D Y
Z P E X I L O V E R O C K Y R O A D
H T F R W X W L S E R E F R P A T E
W E X S I X U A G P K A A N E M P J
Z D Z H A Y L R W I X Q M M A V E O
U R F Z B P U C Z A V D I Q Q A R M
I I O F A E W P R W B Q H P W B O A
P I U E M H U O K G U M P T U U R E
F T K N O D L N R Q T E A X I Q M Q
W I L X K A D X D D O N R T I U T G
L W J D H E H K N W C D A K H E H X
C R A I G S L I S T Q R D I N R I T
N P A R T Y I N T H E C I A Q Q S Q
R V X J F U R W S U M V S M P U W E
N U H W Q S Y B I S X B E D E E A S
H A R D W A R E S T O R E A A S Y B
D A R E T O B E S T U P I D O U N Y
```

82

```
T X C Y A M A S H I T A S G O L D Y
N T Z A C O U W B S G B J W A O N D
K V R Q O S L U L A U A Z E R J M W
P T O E H B L D Z S O C K V K R Q X
T D I P A Y J C D Z C T R S O Q O P
H D W R E S Q O F E U R D J F Q O F
H F J A O K U R N N K I B P T K H E
M V U B H Y U R X Y S A C O H M O W
F J B A J G A E E O S N B S E M X S
S B N S A K G L H O F G A M C O N P
C G W M Q U Q A C A F O R B O N E W
E F M S B Z Y T Y A T L G U V T H F
B L A C K B E A R D S D I E E J J
I E Q A F P I E S L X K H M N Z A R
W Y D A H G A L L Y V I E S A U R E
P I A N O H O A R D A Z K T N M D G
D J C C E X E H H G H O N B T A K I
P A T I A L A N E C K L A C E S U P
```

83

```
U G I Q D S P Q O T E K I E P U Z Z
G S Q Y K U Z V N R Y L Q N K F V O
A P R B V Z Q Y Z S I E O K F B F O
X L T G V U Z B K P M N C B U W R T
B S E R R A T E E H C L S R E A W Z
V I F V I F I E Q A Z U J O L D U L
O N P I P I U M T R U H C U X A V A
O Z K I F E L L I P T I C C U V S N
B Y K A N P E R F O L I A T E B R C
L L L Y K N V Z W G B S Q L H I Q E
O L O C P M A U Q R W W O R J H Q O
N I Q D E L E T O I T X Q E R M P A
G N Z M B T L M E T Z Z L N G N A I
N E I R A L L X K I Y G G I P J L T
R A Y D W E T A P B W A E F N Q M E
A R R B F A D Z K D K V P O X M A H
Q O S D Z Q A C W K W H J R B K T N
C T U F U O R G A O E Z T M V P E K
```

84

```
T D R K B T Q W U T D H U W H M Z T
H Y D F O I T T S T E K D E X T E R
E M T G N H E O B H N L N Y S C S J
B R P L E X L I R E H E R O E S H A
I T V I S J I N L S P T W G J N E K
G B A D I E Y O G O Y N W V H U R F
B U R R Y S R Y J P X B S G J S L D
A X G E G U L O H R N N N W G R T O R
N M Q U A I D M B A D E I A J V C D
G J A N O K G U N N Y E M J F S K L
T J R D S D I G R O I N X A M L W C
H M F X M W D N F S O C C S E V X E
E N T A D E R K G E Z N M G L U K B
O E Q N G H N O F B N A F B Z T D K
R F V C U V F I J C A S I L T L B I
Y J Y Z B Y L O M A U D P Q E F Y M
H P A N A F A E G L E E D I A C X B
T W O A N D A H A L F M E N O K C A
```

85

```
O S L S Y I U M F G E E Q T D B X T Z
I N L C C U X C I M V W F C I P H T Y
B S J X U F U U A S C G K L Y D E Y T
H E U M X A A G X M E F I R O D T T M
L I S E Y S S T O R Y R A W V T O M S
L D B N I D A Z E T A T Y R N H M S J
X P N A L T H E D E A D Z O N E M J T
I X V A X O Q A Z M S L E Y R D Y H Y
I X R X M U I E E R N I S V S A K N E
R E A M G S B S G Z R L C G T R N E S
G K A U H T T C T R X F E O U K O S H
S W K N P E A T A B L A L Q S T C H I
E B Q F P G Z C H Y V S S T L O K K N
T H E S T A N D Y P M S U T P W E N I
V G T V U C C E E W D S T O E R S N I
R H P J C P R N L Z V Y K D Z R S N G
B D K I H L U A Y U Z M O T S P M G
D O L O R E S C L A I B O R N E O Z
```

86

```
S T R E T C H A R M S T R O N G C Y
F C A B B A G E P A T C H K I D S E
P N U N E C S I G M W M B J Y E B Y
V H L U F P J X J R N H A Y I U G S
B M U T T F Z Q E O Z G J L C E O C
Z A X H M S T Q F E X I S B C C M T
V W C W H V S N G D R M K U G T I K
E X R T O A L E G O A I V H H R K F
X X A Y M O O L Z F B S Q G Y A Z N
V A J W S T N K N U M K R M P N S O
Z D E K U O S A R C Y U Z C O S E M
S I U J Q L I E Z G Q Y C R X F A I
V X P R C N N F G B E Z C C Q O R W
S T A M A G O T C H I R I W H R W A T
E B Q V R L U T I B B Q J B B M A T
H S L U J W H S U P E R P O W E R S
O Y H M I F H O D E K O Q U I R S T
S B T Z D G B R M B A R B I E S T K
```

87

```
P E J E R E D L C U S O N M D M L K
E T O Z D I U H X H A H S W U W O B
B W E H M J T B O C U Q A D J G E C
J W J A R O B E R T O C L E M E N T E
I T A S W Z Y Z Z T U T Y C O B B C
M I C K E Y M A N T L E X Y S A S H
M I K E D D I E P L A N K N M Q E O
O M S H Z G T Z P Z V D C J K F R N
R F O A E T P O Y F P K R N W U X U
J V N E L U N K W I L L I E M A Y S
J A C K I E R O B I N S O N H G V W
T V X D I Z R O N A L G E V D M N A
S N S M S U Q O P X B H C W B U V G
C L T D G H R R Y K T E K T V S A N
J O E D O Y L E V P X S R M F Z W E
T Z L G J O N W W U A D T U E I S R
S H E R R Y M A G E E G U G T V L L
C N Q A D X T F V I O I E C R H A H
```

88

```
H I E K H C Y J W H T S S B J R Q J
K Q S P L F M V U R C J X B O U W M
S T A C E Y F E R R E I R A A H S H C
V S K P N A S D M V T Y I J N S K L
P C D M T J H T J I F I C S M E Q I
C B V B C W I T N Z P I H W A L L T
A F K W R A Y K R O C M A R C L E V
P D C Y B I L Z G E G I R I K E A N
L L Y D U L E L V V R C D R O Y M S
V L T I P V G C V C O H A B O M W D
G C A S O N M U W E N A R A J I N V
I F K G M D B A Y O P E N A I L P F
D O V C H A R N E Y O L N S N L I F
G N I A A K P B H G P D S O K A Y C
W J C W L V O Y Q E E O K A H M T C
E A C X I B S V I Y I L N O W U Q E C
S E A N P A R K E R L L L N U E C C
R A L P H L A U R E N C Q M C Z F R
```

89

```
W G I L L I G A N S I S L A N D J W
A N B V A O U Y F W Q W B C I O V I
S C T S J T V Y H Q V N Y Z J C J L
H C R P O P C O R N M A C H I N E T
I D E V D M W B X G J E X U T O H C
N X J A R E F P E O I S P P S K R H
G Z K O A S R I A O T A M X L A E A
A B E S A P E R S T E I N J L D M B
O U I A N V Z I O E J Z X K L X K B
N I O O C O N W E T H I G X E C L E
G V F A O Y P M S A B H U T O W O R
E R A Q Z B N E L T K L O R L O T L
N U D H W I B S H U R G B W D T Z A
E K X Z R G A V M D U J B A G R I I
R F J T M F Q F T O B O I D B U I E N
A T Q C D I K B P L J O B N F W A P
L S P S O V C H U C K C O O P E R L
S N L Y N E T T E W O O D A R D I I
```

90

```
X F A Y X R Y T A J M A H A L G A E
C H R I S T T H E R E D E E M E R A
Y L E X M A C H U P I C C H U V L V
M J G D K P A K N Z H W Y M T E E E
K P A P R L T H E C O L O S S E U M
D T C S N F E R M O W K S D Q I D Y
G O L D E N G A T E B R I D G E E G
P M A A D C D J L M B X U B D X L X
E G W B Q U R T R C W C O Q E T P
E Y O S P C X I L R L J D D I B A N
Y N M I A X Y Q C P F M Y V A M W J
X K A R U G K X V H C Y C O E G O F
Z T T Q P E M P I R E S T A T E L T
I E Y P A N A M A C A N A L Y M K T
P B S M A W C G G S H E I X E Q S S
D S O B W K P H U Y E W T R W Z D
D Y T B O W T Z O V E A Y A Z S X H
G R E A T W A L L O F C H I N A P A
```

91

```
O A B S X R N K P G D P P C F G L L
S O L M F J C G T W L R U U A T T X
O T U R N B A C K T H E C L O C K V
U N C I V I L W A R R I O R S O P O
P T W F U G C A S H A N D C A R R Y
T X T W C C M F H O L L P V B D C
O W K F H P D W B R E I Q G O R F Y
N O U M F P Z J S E B F P N X N X P
U M F L A T F O O T S T O O G E S
T A P U N C H D R U N K S I L U G W
S N J V B O F O E L U V B O A L J U
W H Y L Z Y O U N A T Z Y S P Y O F
P A R D O N M Y S C O T C H X C R I
F T H R E E M I S S I N G L I N K S
W E E W E E M O N S I E U R E Q Z C
Q R I W P Q C C A H X U T N A Q Y P
T S Y G Z V L C Z R Q E O O H I Z W
M R X W R P B Q Q D V A E D B A N X
```

92

```
O U T L O O K N O T S O G O O D U R
I T I S C E R T A I N R J A E K E E
T Y M S M W S D R W W W S S G S H P
I B Y I B L U J O I M O W I L M L Y
S T R G K C K A L T N M S S Y C H A
D I E N J M S S V H O E W E B S M Z
E O P S Z V O K F O G P V E N O X S
C R L P J E R A T U B X H I L U S Y
I W Y O K W Z G F T E F Z T S R T T
D V I I I X Y A N A A H W Y U C L R
E U S N E Y R I V D R E Q E H E M Y
D O N T C O U N T O N I T S K S X H
L U O T S B C L Z U T G F I A S H G
Y E A O Q J T A H B T Q L B T A Y A
S R A Y D R M T Q T C T W E D Y K I
O B C E U Z U E Q H S W X L I N G N
Y P F S G T O R I O S J R S V O T N
O X L J O P E U M D T H O C P W K I
```

93

```
R E A T H E N S G R E E C E J M E M
S Y D N E Y A U S T R A L I A U O O
G S D R G K A S C B V H T L T C U N
F E N S D Z U R P A D Z P O A H H T
N O L M O W B I K R P I Z S T N Q R
E U S C O E E U H C I Z F A L C X E
U L O C S T I L Z E S W N A E S A L
Q S S R U H J J C L U P N G N G B L
B O R X J U I G J O T Q B E T H S Q
M U F V L O N D O N E N G L A N D C
S T J F N N G N K A W G V E G P R C
Q H K J L C N T S E C Z S A Y X A A
W K I P V S H P S P P U J C U C T N
J O J Z E W I H V A X S Q A S H P A
K R E S B N D N F S I Y V U U Y R Z D
W E B Y D U A J E N U E E S F W M A
P A O W D T O K Y O J A P A N N N P
R I O D E J A N E I R O B R A Z I L
```

94

```
H O O D M I L K B O T T L E H Y Y O
J P L P Z X V H Q O H W L C A B P L
Z O V X K J Z U G J H H N W R C T D
P E L A F O H O H T A A H E K A H S
R O R L Q C Z C P W R G D R Y B E A
S Z I S Y V A F T C I N Q G S B T L
F F J B E G U T A H W K B W S Z H E
E X I E H C R I D O A U O A R O N C
Y V K E L L E R L F Y B T E N D G O
W A V J F I T B E E O C S E T D G F
K Q V L D N E J H N D I J V E I M F
S C S A A H X Q S T G H A K E N U F
K G C H T H P Z F H Z I V B J O S E
L U C Y T H E E L E P H A N T S A E
Y N X F U K R J F R C J J J N C A P
E T N P B U C G D O J D I X T U M O
P B W X L V S K C C X G V R N R A T
G O C N E S U F F K W D E C O S X N
```

95

```
M O S G Y P T P K E Q Z D Z F I B Z
X O B Q R H M Y P Y R S V V I V G C
O Q T D I H M M O O C E Y V E G T
M L Z O E P F D K L U X U R Y C X T
J M A E R C P H F F N B H D A Q A P
Q U R B K H P X M O Y T W P A O J O
O D I L I M O U S I N E M V E M O E
P X G U K B K M M T U O B T N T J V
I B H V F L B E U C C T U C H L I
C I F C N G E J G B X T L A R M E R
K M D T N J D L U C V M P Q N Y L H
U C P N N U I S Z R Z M O Y L B E O
P S U V S O A F D R O C P E E V C K
T W Y T O C F U H C R S S J S P T J
R G H N S U C A N Y L I V T T X K I
U R Z S U C A N Y L I V T T X K I V
C D G F W R I M I D S I Z E I F C A
K T U V G M J N U V E M U H U E H N
```

96

```
Q S C I Z V B Q T K I K T G F O W R
D F D U A M S Q Z P S E G U M R I A
C H Y D F O S D N V Q G R U B Z K D
V P X X R C S T Y M H B S S T J J B
T X V H C Z X K Y I C V O A A D D D
C D M A M V L A E N T U L X Q T R S
R D I P O M Y F E N P I S R I V M W
S K G K U D K G U J S J O X E N Q D
H C C I A N H H N K H O A W I I G D
F D R D P U C O A M U A I T H A I
S P B O E G B C L U B U N A C G A O
N J G R N W T A E K W O N D O L N
Q F L I O E U U A X F S S O F K I
S D W M P T Q F I R K A R A T E C O
A V O Q A N U C G C V B J W E U X S
M N W V P N V C M H L B T T L R U S
B T A W S S K S L O C A P O E I R A
O S I R Y K U L E T H W E I R A B E
```

97

```
W C M Y E X J C W N E Q E B S F H N
O H A R R I S O N F O R D A J Y E H
L H J U Q H W F I T L M C K M U N T
F V G Z X Z Z M D K M U N W Y C R C
G S M D D T F Y I A L V D L O M Y A
A Z Y F Y D U T I E N C Y I J V W M
N Y C N L K D G Y E B W B A I A P B
G U L M Q P O R Q D J Z A V Z E L E
H A L I L L O V A D C R D R M H T E
O S T E V E N S P I E L B E R G O L
H E F G G B U M E V C K G Y K Y N L
L E N F Z R J A M E S K A H N W J B
B X Q Z C B F B U F L N R B F J O L
E V V T J A M E S M A N G O L D N A
I S S T E M P L E O F D O O M Y E C
N A F I D Q S Y H T G S L H P X S K
L G N Y R V W Z C X Z E N C U Y J G
S E A N P A T R I C K F L A N E R Y
```

98

```
J I M S H O O T E R D T H B M M F S
P U T U I J I S O R S G E O J G W Z
H R Y S Z A S V E O I L T U S N R
M B G Q P M N R Q L N F L D A U Q
O L S D W V F F Q T P J E V I O J U
E I I M D E E C T E S C G I T J B K
B E S R H C I O Q T B S H N H R L T
I Z J H I U G Y O Z O K I Z J R A T
C D G N J T G W Z S C W T D O C N K
O U U Z R Y O M W J A R Z X N N C P
H E F E I H R E A N O D P R E K H Z
I P B Q W O D Q N H Q X O A S L E T
N O N K C V O A S G X X P R N H K T
R M K P F U N L Q J E G G E J G D A
M A X W E L L P E R K I N S N M O
W W G B B I X H B E W L X C Q P O I
O U M V W G S A L L E N L A N E F I
V D O O D S H R L S T A N L E E C P
```

99

```
R W A N D A N G E N O C I D E P R N
X G Y K J R G J R F E E W O I S R X
T U S K E G E E E X P E R I M E N T
D S N Z Y H P Y K E M X J R M B N R
S F U G K L L I F U Q G Q S X V N G
T J R F D K R I U U X Y A A G H W Y
T H E B U S I N E S S P L O T R R C
S R E B R E N I C A M A S S A C R E
L X T B W Q B M C Q E N F H D C Z S
Z O F E A R M I L I T I A F V R A K
M S M H M S D K L O R J K B A D L X
P R O J E C T S U N S H I N E I K J
M R S Q G D L W J L D O E U I M R
D J S J V C M S K Q T M C P G N G Y
S O W G U N P O W D E R P L O T A S
G S H E L L I N G O F M A N I L A
Z C B H O P H A L D I S A S T E R L
O P E R A T I O N V A L K Y R I E T
```

100

```
Y W J S Y D L S Y Z C D O O G I I A
O S N B G X C B G F J R V X U L V U
K N T W S D M A R Y H I L L E K M P
M Y S T I C A L H O R I Z O N S B E
G C R B V L Q O G E I C K M F O G U
O Q X V A P H O N E H E N G E N R K
S M R E G M E C G G T O A Y E M T R
D A K B K X A N Z H T F H H W Y P T
N T O W O D E H G B H O R S F X O B
A V L N K H P R E M I A N B A S I N
Q C T Z E S G T W N C M L E N L H R
Q S X N I V K K I V G H K N Y S C I
Y U O B Z S I G S Q G E L I M R P I
F T L O H X Q G R O P N W Z P W J U
S A O T E A R O A G F G V O N E D T
D N Z T E Q Q S E S P E R A N C E K
T R U C K H E N G E E Y D A Z D U F
G U N M A O B S E R V A T O R Y D E
```

101

```
E T Y M O L O G I A E P D M Y O G F
N G A X G I O D I M E Z X D X Z B U
A E O B L K F Q A I K N H F D R N
T N N G E S V F Z Y V I C X X M O K
U E G A X H E Y B W W B P A Q G C A
R R V M I Q B L U R P Q J P R A K N
A A T N C L R D Q B Z U R Z D T H D
L L N K O N I G S B R A E V G J A W
I E I D N Q T C O A I X B F G S U A
S D R I T F A D N D F U Z R Y F S G
H U T T E P N H E X D Y M X F V M N
I C Z S C R N P P I E O J X C G A A
S A P U H H I T W H R U F J E C D L
T T C A N K C B A I D U B A I K E L
O I V B I I A G B X C K H A E B Z S
R O M W C D E N I S D I D E R O T I
I A N D U C U Z A G R U Q S O Y Z U
A E O N M I V J H W J Z M X X K T J
```

102

```
V A N C O U V E R B C C A N A D A C
D M I L A N C O R T I N A I T A L Y
L I L L E H A M M E R N O R W A Y L
L P X F W N W G J A M O I X U A M N
Z U B J D N O R A T O E N R K Z Z U
V F W W C H A M O N I X F R A N C E
B B O F B J H P L Z O R A K L X H E
W M I C E C P K X Q G J T T L T P C
W G Y S I T E G Z E K I A X E X B P
U U A Z T U U C N G Y F Q P I Z P P
S O C H I R U S S I A B S A A S A X
C J A A A I Q I V I H Y W K C N T H
T E G S J N S A P P O R O J A P A N
P B E I J I N G C H I N A G B O K F
A L B E R T V I L L E F R A N C E Y
S A L T L A K E C I T Y U T U S E K
R Z Q C A L G A R Y A B C A N A D A
H V J H A Y B Z V A V V K N W H O J
```

103

```
O T L E S L I E I S B E N R O G G E
L A H S U S A N E D I T H S A X E P
K L G O E D I X P A B C F M A M S T
Q V D S M N I B V G W T O Z J X Y X
D Q U V D A P C K Q P Z C A Z W W L
C H A R L E S L E E H E R R O N M L
U T N V M T P J S E P Q V I G E X T
W F B M Q Z K F A Q W Y Y B T M O T
E U G E N E P A L M E R S L I A W N
U N I C K G E O R G E M O N T O S Y
O X U Z N P F L J P U S B V L B G P
C J H E N R Y M I T C H E L L R K
K A T H E R I N E A N N P O W E R Y
W A I C H I U T O N Y N G M L R C U
D B N Z M E B M T F F X Q J D D N G
R U T H E I S E M A N N S C H I E R
G A R Y S T E P H E N K R I S T G N
B I L L I E A U S T I N B R Y A N T
```

104

```
A G E N T O R A N G E N N K K Q L S
I T E D T B E G Z L D C N R T C D R
L B G D E S N A P A L M W P T R E Y
A K U T Y W L Y K E D J A W O W X N
O D L A V I E T C O N G I C O N O M
S J F Q I D C N F E Q Y C H A S V U
A D O Y G O A U I H W A N B N U Q L
N Q F S Y R G H Z E E E E H Q U O X
D B T X F F R W H C S N O X X R U X
C R O P E Z P S A I S J U X N P J N
A J N Z C O Q E V B A Y H Q U N P
M B K N J R P D X N I A I Q O F U P
B B I M F S T R O F Z E N G M F Z X
O R N D I H O D I L Y S T F O A X S
D U O R G H N B P C N Z R M R N S W
I C A I R Y F A C L V X D B I M T Q
A P W A L U B J D V V W Q X L N V R
Y D R A F T D O D G E R S O F F H W
```

105

```
B I L L P I C K E T T M O T H W V A
V R I K N O L D D I E S J N V W X D
R J H G G B J K Q U E N W R S W P D
M K D G Z U G U Q V D N D R D A A I
U S P R Y D J F E G V E F O N I Z S
F D U B Q G C E S L G D R B T X C O
O W S R W A R W W U K H I E J U H A N
E J C H L S U V R C Q U E R E N A J
Q O Y P S S W W T B P D O T S E R O N
A H B A T I K C Y Y E D R L S X L E S
D N B G U Y O U G V A L G E C G E U T
O H X Y U C I P O E J E F M R N S C K
M A R Y F I E L D S Z S Z M U W Y O K
M Y X X J G T U M R D T I O M H O K
R E K B Y A H V N R M O G N B V U C R
M S C F N L E I P W G N S L W N J
C H A R L E Y W I L L I S T Y J G Y
C R A W F O R D G O L D S B Y I E Y
```

106

```
Y O U N G D O C T O R M A L O N E O
X Q I X K R A L Z H A G O S G C L L
S X H Z T A L V U K O U Y E O L L T
T X Y Q I G G J Q G C N F O E L B H E
H E Y N A N O Z I V A S N T O B M E
E V W D A E T B T Q S M S Y N I Q L
G W K J F T N N X R O O B K A R K O
R Z P L F I I E B B B C K A W M J P N
E X N F F A Z E Y D E E L A O K F E
E V Z J S H P N N N L B M V S R M R
N V F E A B J A D O C G M O N H A A
H B H Y G O T O P E R R Y M A S O N
O T W L Z T L E O J X F K J N N A G E
R A C D O U A Q Y B M Y W L D M B E
N X B I X S J S E W U J W Y A D R
E B B R M D S Z V Y A W P A R T D E
T A T A K E I T O R L E A V E I T B
T H E G E N E A U T R Y S H O W D M
```

107

```
H I L L A R Y C L I N T O N J M D J
Q J Y U T A P Y T J C T G Y O I J B
R J T N F H I E T K S N Z Q H C C R
A C Z P O X K F X A I L P M N H P E
F P S J T A X D D M R Q I I F E W H
W H X A U Y J K E O B L O T K L E D
E M N S R Q T L E R K D B E E L T B
E A W F Q N F J Q E C X N I N E E C
A L E X A N D R E D U M A S N O U P
D D O N A L D J T R U M P O E B X Y
O L A I R D I U K V L F K K D A W D
A D N Y T L Z L Y L A G G U Y M C Z
V B X V X M S J D O J S W P V A A Z
J A M E S P A T T E R S O N R W G W
X D G F R A N C I N E P A S C A L U
F N E L S O N M A N D E L A F B U K
V C A N D R E W S Y E Y M M H Z X Z
U L Y S S E S S G R A N T N N J X S
```

108

```
C F F B L R K Y R G J M Y A B I T L
Y O T T O M E S S M E R M M N W G Y
Z Q C N K B L N D R H J R A H A E K
Z Q Y J W J J L R Y P S I I S L R M
M A X G Y E L A P O S T O L T T I A X
E B E S M B B M E S S U V E E I X
F E W W K L B Y K I Z A B V A R E F L
H F M O U Z G R R G S R K E M E T H E
F G Y O P W E C J W T T K I B L E E
W X A U T W O T A K R B C F O A I E
M R K Z I N O M R E M L I T A A N H
Y E B B I V Y L M C A A X H T S I I
A P U R T K O J H L D C D M W D N H
Y N I N I O Q F C S H K G B I L L S
Y U W X F N E M E A I T S P L S S R
Q U U B J A P J J E T O X M L N A Q
W I N S O R M C C A Y N E B I E U M
K A T S U D O S H A S H I N E Y R C
```

ANSWERS

109

```
C H N G K W A D D I S O N S T D B V
R A W N K E M P R N W P M Q I C E L P
E K C O R R I G A N S P U L S E L D
U H A E Q N Q D Y R M I M K G H L D
T C I D G I R R Z T K C G T Q J S J
Z Y Q N U C L W S P B I M K Z I P D
F M W N E K D N V Y S I N L A O A U
E A L Z H E I M E R S C M S G F L Y
L C L J R K U K L S I T H H O Q S Q
D E J U G O I P J A H D C G M N Y H
T G G D L R V M N C A R R I O N S D
J I O T L S E Q X X S R W O J T R H
A H A R X A N Q V S X G W W K D M Q
K R S J J K S T O K E S A D A M S Q
O X D O C O H E N S Y N D R O M E R
B Y S D K F B D Z W I P X V H P D H
W W E I T F C R N O X Q N Y V G X F
A D D I S O N I A N A N E M I A B D
```

110

```
F Z O L T A R S P E A K S O Z L Z I
A F G I O P C N R A T K B R C P D X
O O V I J Y P Z L S Y E U N X E V D
C G V S N L X A O R U A A E T M P B
H M I T Q D V P E Y M M A P L W Z L
W G R I E T A A A Z B R H A B A S L
A L S M J C P G Z F G M H H G C Y O
R I B X A P I T R S G S C N K I K P
Z W B L Q C N Q I A R U J H W I O E
X I M F D T M H S A N A S O C N M H
K C T N P M S I M J I D Q P P G H A
U U J K I V Y L F T U E S R P A N K
H O L F W U N G I L Q D X T H I N K
G Z W R W N D T R O A W C I T A N I
P M U W E O U T S V P N W C E N S V
N O I P D E A Q I L Q B J K B O P G
Y C Q Q X O B J O S H B A S K I N W
```

111

```
C K W T A D A Q Z J S Y Y C E Y J Y
A X R G Q Y M W P S T O P S N R J J
T M Q E G S W T E R M V O X Q A K Z
C S K V Q X X L A L E K C Q D O Q K
H D B Z F E H P H L Z A Y U D L P M
I M T C F T N M P N Z A W W N D C T
N A W Y A E H N F B O W I R L L R A
G H A E D K I F W N F O N R E P R T
T Z R R P Z S I L H O U E T T E D K
H B A E E C N P F F R E L U B Q G F
E G X E D S C R V G T M I P T C Y G
S T R C L S T Y I U E U G O J J Y B
U B M L P C O X A U P Z H Q A N O R
N L M H G F S I C V E K T S N L W Y
M S P Y R O G Y R A R V B E Z P G V
M O R N I N G D A N C E K C E B Q N
N V P H V G G E O R G E B E N S O N
G R O V E R W A S H I N G T O N J R
```

112

```
O P E I S U L T A N I B R A H I M R
H L J C S H C D O V I S U A Q W A R
Q B W S T N F R S I X H D L C K W Q
V M H Y B I E E N X V A R F G A I G
C Q W B C N L I Z Q D K R D C Y Y L
X Y P M O R T U W N Y B D K X S M H
G G A L A S X B I A A S Y S R X V F
P T N H U U O M M F D R O B W L H I
F O C J Z A A S R E O E G B H F A K
E U L C W I G C W R L T G R Y S O Z
Y H W P D S C M J D F J A V Y C O Y
X T P I O Z V I E I H G O C J M W W
B Z S I E T F I O N I P C U A T L X
I S A P A R M U R A T N I Y A Z O V
K I M J O N G I L N L E R I C X I V
N C M K M P P S V D E Z D V T F I X
Z X K J E E V U A I R E T Q W F G B
I V A N T H E T E R R I B L E Q H O
```

113

```
S U P E R M A R K E T S W E E P C X
S P M Q G Z T C T E V I C F S E T R
F E C Y R F L O O R I S L A V A O J
J V R Z P F A M I L Y F E U D V M S
W H E E L O F F O R T U N E I S A H
H C C M A A D N L O K E B V Z E Q A
R E F Z K T T B W G Z O R E E V P X
B E A T S H A Z A M R U H M U I T H
J Y V I K T O R C E S H A J R T I Z
K I Y Y X A G B Z B E G B R R P C J
V P X J K A V Q O M H B H F O Q T A
V H G N Q D G K I C A L Q D Q F A C
Y S M K W L U K T M I R R T H F C O
B C H M E N T A L S A M U R A I D P
Y D U M P R M F W V M J G S A S O A
T H E P R I C E I S R I G H T H U R
T P P C K T S G E U N K I O B S G Y
H O L L Y W O O D S Q U A R E S H
```

114

```
Q E S T A D I O C E N T E N A R I O
C X Y M C E U M P V K M J C L B V D
B L O B D U L I O V A R E L A N L J
G J G T P F U X E G X E G V E L O Z
A L S P L W C H E X R S W F A W F Z
F G U X M D J H F I F A L B O R Y F
A B V S Q D T E P I S K Y R O S N F
P L E B V F K T Z O V E K D L V K D
H A N D O F G O D M N M O X I P R C
N S A S L A I H J O U O C G B S F U
M P W V G E K K H W Q A J R I N Z J
T A E H I C W E J D K M F O O M W U
L D U A C O I O G U I Z B I A N G S
Q S L H G T L U S Y D D B F P E L V
V I O S T G Z M Q K P L J D Z K Y
E V A E W Z T W S C A Z Z U U L T K
O L N E C A M B R I D G E R U L E S
G F R E E M A S O N S T A V E R N V
```

115

```
O V E R T H E M O U N T A I N K J E
T H R T U J C C T J O N N E K E C T
F P O X X K I Z C O T N G V M X I D
F U O J A V H L B S S O J O M L L R
N K G C A K Z G I D F U H N I R Q E
O P W K N J H U R T V G J L R T K X
M F H B V J H R O F N H S V A N L C
O I P A E F T O N I E K J U C Q F R
R G H C F R Q I M R C R O W L E Y A
E W S K D H F O A Z P U X E E K J Z
T A U O Z F C S N W U I V M J L Y
E J M N P M G D G I L H K J A B F T
A F I E I L Y T K D H V K N W D R
R R K A P N T F F P A R A N O I D A
S Y M R B A R K A T T H E M O O N I
M A A T C X P S S O F A Q G E F T N
M W U H C U A K S H E Z S U D B Q T
M G E U D R C R A Z Y B A B I E S R
```

116

```
Z D K S I S J I R L Y B D P R J D A
W L Y U R M F H F B A K J S E F M C
Y N O B I F T J L J L N D U A W B O
G V G D U P I C O K A G T I D L R L
K R P E J W H O T T S I K E D T C Y
D O T A I Z R P I K P M N F R C Q T
E S B C T L C L V U H O C O B X E E
A D N O H R O B C P M T J J N N H B
C A N N D P I B V H L A U L I T L L
O R X O O R X A R C H B I S H O P Q
N G N R N M X E R J F Z J R T H L
Q Y T U B W T M L C T Z A K Y W G P
S E A H L Y D R C M H U X E V M X P
M N J P B O C Y Y L P Z I R T Y X L
A F P S X P I K E J S N C V E O S R
L V E Q A A P N G H B I S H O P V X
N R K Y E F R R Z M C O U N C I L H
P E Q L H Q H K O Q G J U Z D Y N F
```

117

```
T J O O K H C E T Q H U Z E V B A A
A N I E N J N N A R K L R L B Q T W
V A W S B V Q T U M B I L G G E R X
F E W A Z V B R U M A I R E X O N C
L L N Z G B L V D M S F K M D R X V
O C C D K Q R Z I L P R A I R I A L
R E D L E N Q R E N J Z S F T L F F
E C Z G T M F K F R B S W U Y L S R
A G T V J C I L G E E B L R M O O O
L Y G V R G A A K M K B O H I D T K
E N B U J N Q U I U M D I V I M K P
J X K Q I P I U B R I G U T F P C S
L Z L M J S R U I M E L C K G F Z A
G U R P B B G G E R P U H Z S M H P
V F N T O S E E X R R V N M S P O A
G X B Y X Y H N O F W W O O A T R K
A M C Y B T P X E C L Z S M P E A Q
R W G W N I V O S E K R R D M S E E
```

118

```
K C O M E D Y O F E R R O R S F R O
W I J C D A J X O H D K G Q E A E V
A T N Q L Y P M D U T T M W S T F D
A M H G K N I F W I K B Y E U T R Z
Q U K E L Z P W Z Y V C A N I F H L
Z M I C T E M P Q J A C T E B O Y S
G O Y Y B E A W T Q S H K Q I A K C
G A R S W T M R O U O I W F Y C U C
H W V V A R D P I Q L P M F X M N I
O H M V I D V L E U U I I L S L A T
Y A Q I I O U P O S D M K S M D I V
X M Q W P J M Y X X T J B B I X Z B
R L L O V E S L A B O U R S L O S T
M E R C H A N T O F V E N I C E U A
Z T R O M E O A N D J U L I E T Y L
F C W N O T E G I X A M A C B E T H
Y R P C O R I O L A N U S H N F K R
A N T O N Y A N D C L E O P A T R A
```

119

```
G A S T R O E N T E R O L O G Y A N
G E V Y C J I U S X T V U V U J N X
L K R N N V Y Y F U R O L O G Y E N
U H W I P E D I A T R I C S A Z S X
U O P P A R P P O X Q U V N R U T J
H J V E N T E H X F S Q U G N Q H V
F B T I M F R Y R Y L P M E E X E C
Q N U U X J I G O P M E G O F S E E
K D W X Z W B O C X L M Z N I P I E
X D B F W V L J V S O M T Z E O F F
C A R D I O L O G Y A F G P R B L A
G H I L C S Y K K F C A T Y Z K O C
A H O I Q S G U C I G N C B K P G U
K H X O P H T H A L M O L O G Y Y N
L O T O L A R Y N G O L O G Y K L W
T D S Z H E F E Z R L Q X N C W V T
D E R M A T O L O G Y Z B S N E Z P
E P I D E M I O L O G Y K X P W F D
```

120

```
G V P D D V M O E X D K A V X B A D
R G A A O M I G M O X V X T J U K T
E X H T N G M C D L J O F Y N L R H
A C G N O X C F T J A H V O W Q G M
T E U S U P E R I O R Z R M X I F I
B T H M X V F N Y T R U D L D F B C
E X R S Z R H B H R H I V D R T X H
A D Y E F U O S U B Z N A F V D O I
R H R E F T T A N G A N Y I K A G A
I I Y G A X W E A Q V A X I X P Y A
C M X L T H L Z Y V X R F M K U I N
S R H R G J G T B U D K U A V I V E
Z S G R E A T S L A V E P O W E L
J A O W M J Z Q X I U Z A Q K H
Y E J T Q G D E K A R A L S E A M L
E U U R N F U O Q V X A S T A G O Z
R R C W E V D C S G M B A I K A L V
C A S P I A N S E A O N R K A V U Y
```

121

I	B	L	V	M	E	K	Z	U	S	I	B	G	A	R	J	M	V
D	Q	N	P	J	R	G	V	K	S	K	S	I	L	M	A	G	Y
X	U	B	E	O	O	V	T	J	G	X	S	A	F	T	C	R	O
F	S	D	I	H	G	X	Q	M	R	S	X	C	R	L	K	E	S
W	L	C	T	N	E	I	E	P	K	P	H	O	E	Y	S	G	H
Y	U	C	P	D	R	A	S	V	U	H	I	M	D	O	H	O	I
A	X	Y	I	I	J	M	K	F	L	U	S	O	W	C	E	R	E
K	S	Z	N	L	B	B	W	E	X	G	S	C	E	C	P	Y	S
O	I	B	L	L	U	F	A	Y	V	O	A	A	T	J	P	D	H
L	Y	U	P	I	S	T	J	M	E	D	I	S	Z	C	A	R	I
A	M	E	N	N	H	B	M	J	Z	E	N	A	L	S	R	O	R
J	O	H	N	G	E	R	A	R	D	G	T	N	E	W	D	B	A
Q	G	G	I	E	L	L	P	S	D	R	P	O	R	B	I	E	T
K	F	T	R	R	L	Z	I	E	Z	O	E	V	G	Z	O	R	O
R	B	X	B	C	Y	N	B	U	R	O	T	A	T	Z	D	T	R
T	Q	L	Q	R	Z	V	T	T	R	T	E	O	V	I	N	S	I
F	R	A	N	K	L	E	E	M	O	R	R	I	S	K	L	V	G
H	E	N	R	I	C	H	A	R	R	I	E	R	E	B	R	E	P

122

Y	I	V	E	H	A	T	A	Z	T	R	R	Q	B	D	T	M	D
X	B	K	K	A	P	H	Q	F	L	B	W	E	I	Z	E	D	P
S	A	Y	T	Z	M	A	H	Y	F	D	X	E	L	V	X	B	S
S	M	B	R	I	A	N	I	N	G	R	A	M	L	T	B	J	J
C	Y	O	J	D	N	K	W	B	K	K	M	C	M	I	G	R	A
O	L	I	J	V	O	S	C	Y	K	O	D	D	I	N	O	F	X
L	F	F	U	J	R	G	S	L	O	X	I	F	T	A	O	U	U
U	B	O	L	P	J	I	N	H	C	I	L	O	C	M	Z	F	W
M	I	U	L	N	A	V	X	P	A	R	A	C	H	U	T	E	K
B	N	S	O	V	K	I	P	J	R	B	D	Z	E	C	S	X	D
I	N	T	P	P	U	N	C	Q	X	N	K	D	L	K	R	W	A
A	M	Q	N	N	S	G	H	S	C	U	E	P	L	L	W	K	N
R	U	S	Y	Q	I	P	D	V	R	A	L	L	P	O	B	B	C
I	C	R	Q	F	U	J	K	A	E	S	G	O	A	W	N	Y	O
V	N	O	R	T	H	W	E	S	T	O	R	I	E	N	T	W	O
E	R	A	L	P	H	H	I	M	M	E	L	S	B	A	C	H	P
R	A	L	E	I	G	H	C	I	G	A	R	E	T	T	E	S	E
F	L	O	R	E	N	C	E	S	C	H	A	F	F	N	E	R	R

123

U	J	C	U	P	W	O	L	W	Q	D	U	Y	E	F	V	B	X
D	V	A	K	O	Q	J	R	K	N	G	A	Z	C	G	K	D	T
E	J	S	W	M	Z	L	S	O	Y	D	J	T	C	K	I	P	R
A	K	N	Z	P	H	E	M	E	N	B	N	N	C	S	N	C	G
D	H	Z	T	M	X	A	U	U	U	L	I	C	B	I	G	G	M
M	G	R	D	Q	I	E	S	K	S	A	R	Q	N	L	T	U	U
A	U	E	C	D	Q	Y	X	S	A	C	V	L	V	V	U	I	R
N	V	B	E	A	M	L	J	D	X	K	O	Z	K	I	T	W	A
S	L	P	J	O	N	G	B	A	S	A	N	O	V	A	S	E	M
C	O	N	O	E	A	N	Y	B	G	G	K	Q	G	N	T	U	A
H	H	L	Y	N	Y	N	A	B	K	G	H	L	N	U	O	O	S
A	G	S	U	S	I	O	K	B	L	I	J	D	D	S	M	N	A
I	J	N	O	V	S	M	D	R	E	E	O	C	N	R	B	H	S
R	K	T	B	C	U	Y	I	V	C	L	Q	H	O	I	N	Q	W
R	O	B	E	R	T	T	H	E	D	O	L	L	W	N	H	W	O
H	S	O	T	M	I	P	U	S	A	F	L	E	A	G	C	Y	R
B	E	R	M	U	D	A	T	R	I	A	N	G	L	E	X	B	D
P	S	F	B	O	B	V	Y	C	O	D	E	X	G	I	G	A	S

124

R	M	K	B	S	I	Q	X	D	D	A	E	H	C	J	M	Q	Q
E	B	U	S	H	N	E	L	L	A	N	D	D	A	B	N	E	Y
B	M	J	X	J	T	T	P	I	F	I	O	N	I	P	G	D	O
E	U	T	O	R	T	E	E	E	L	Q	B	I	F	K	A	G	Q
C	W	N	P	Q	W	T	N	Z	W	X	X	N	N	Z	L	S	S
C	Q	N	Y	S	I	H	L	N	G	R	R	T	D	G	A	M	A
A	I	P	E	B	N	H	H	T	I	O	T	E	I	V	X	S	N
H	Z	K	P	C	G	V	K	T	Z	S	Q	N	S	E	Y	Z	D
E	G	A	S	S	A	M	C	X	W	T	F	D	T	X	G	F	Y
I	V	E	B	P	L	I	N	C	A	A	G	O	Z	S	A	J	D
N	F	J	Z	W	A	X	A	W	C	R	N	D	R	I	M	R	O
E	T	S	B	M	X	C	U	G	Z	C	N	J	V	T	E	N	U
M	C	N	L	V	I	I	E	N	G	A	Q	O	S	U	W	T	G
A	G	I	Y	Q	E	D	P	W	N	D	B	C	Z	T	I	O	L
N	E	W	D	Y	S	S	P	P	A	E	N	U	W	O	N	C	A
S	Y	J	E	J	S	T	E	V	E	R	U	S	S	E	L	L	S
T	O	M	O	H	I	R	O	N	I	S	H	I	K	A	D	O	P
M	A	G	N	A	V	O	X	O	D	Y	S	S	E	Y	J	C	U

125

D	Y	G	X	S	T	Q	Y	B	R	B	R	S	T	E	V	T	F
I	Q	G	Y	W	Q	I	U	O	U	E	F	M	Y	C	J	T	W
L	Z	M	P	P	L	E	J	G	F	U	X	Q	X	V	J	P	T
S	X	R	D	F	Y	V	O	G	T	O	A	S	X	N	M	I	F
W	A	Z	J	B	T	A	P	Y	H	L	Y	H	Q	E	O	U	K
G	U	G	W	E	P	L	F	C	U	F	Z	B	C	B	G	L	I
P	Q	S	F	X	I	F	T	R	J	D	I	A	B	P	O	P	W
A	S	G	Y	O	Y	A	J	E	X	H	L	K	R	Z	L	T	N
S	E	E	R	N	U	W	Z	E	Z	L	L	R	O	J	L	Z	O
A	N	L	J	Q	Y	K	G	K	A	Y	G	M	O	M	O	W	T
S	C	Q	S	B	L	S	E	W	M	Z	H	Z	D	A	N	B	W
K	Q	A	B	F	C	X	Y	M	Z	N	E	M	H	T	M	Y	I
U	S	O	S	O	U	A	Q	F	O	V	X	J	T	G	O	F	L
N	N	O	B	Y	R	V	A	T	Y	N	Y	I	A	C	N	X	D
K	C	J	G	K	E	H	P	T	G	E	S	H	J	S	S	Z	M
A	Z	W	T	G	Z	T	N	T	W	L	Z	T	E	K	T	V	A
P	Z	H	O	N	E	Y	I	S	L	A	N	D	E	Z	E	O	N
E	N	B	F	O	J	B	C	C	V	N	R	E	S	R	R	F	I

126

Q	F	L	A	E	S	Z	S	T	O	C	D	P	E	O	Y	B	C
D	T	S	X	X	N	W	K	D	Y	I	J	S	R	F	A	Z	L
O	N	X	C	Q	A	I	E	X	D	N	S	A	W	I	Z	C	U
V	H	H	U	A	G	U	D	E	Z	E	G	D	F	G	R	A	K
A	L	O	B	T	G	R	N	X	H	I	I	T	Y	H	A	S	T
D	F	Y	O	Q	L	D	T	C	F	C	K	N	R	N	E	H	Y
E	O	S	C	F	E	R	U	O	Z	J	F	R	E	J	L	V	F
P	V	J	P	R	P	D	L	K	M	I	E	H	R	Y	T	O	M
H	B	R	X	X	U	K	K	L	F	T	Z	X	M	Q	E	P	F
E	B	R	A	Z	S	Q	N	B	S	A	E	G	V	K	Z	U	E
A	V	E	J	L	S	O	H	E	Q	M	A	A	P	R	Q	A	L
T	I	G	M	X	V	N	V	Q	U	X	J	R	O	S	J	T	I
H	O	Y	C	M	T	L	O	D	Y	V	E	F	G	N	X	O	X
C	G	P	F	U	Y	A	P	W	L	W	W	I	O	G	G	P	X
L	C	H	E	S	H	I	R	E	B	B	K	E	K	I	G	C	E
I	L	G	A	K	V	Y	H	R	J	A	G	L	I	U	R	A	J
F	X	Q	G	W	Z	V	P	N	G	B	L	D	U	I	O	T	N
F	A	K	Y	D	W	Q	Q	R	S	X	Z	L	S	M	Z	B	D

127

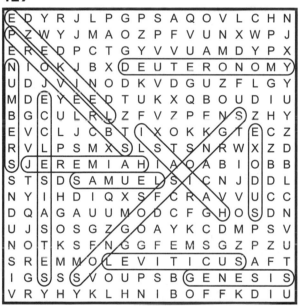

128

129

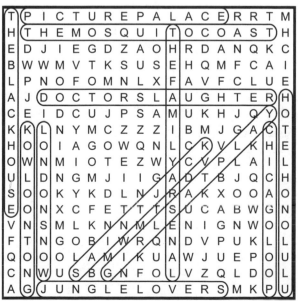

130

131

132

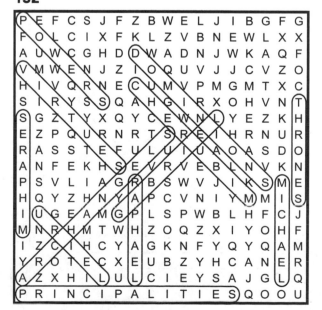

133

```
P U J Z G L J Y R M H Y R U H D G K
U N X A B U T M N E G Z V Z Z E C B
C Q R Z S T D W Z L V T Y I P S E K
L V Z P V E P D N S R C B J A L X
J I W I B I V Q X D D U K U L E L E
Z O B K I L O D A D F L U C S R O H
X L X B V K B L O N N A K U A A B D
G A A O T M Q Y I G L B X O O X X D
S G W R S G P D F N I P H K K M P U
G O L P I O J R N F Z P B N T N G L
J I Q J T Q N J R M C O Z K U C I I
D N H G A L N A R A O G C G H K I M
V W C F R A S E H J R W Q V H F T E
G F L Q Q E T T N U F R Z C G W A R
W C P R O T B A B P O E B O U M R R
L G H S I W B E I C M Q X E X S X F
S Q V C M Y V L C X M X M S F J L N
Y P F A J X Q W C B Z Y F H U R X X
```

134

```
M C P B L K I D Q D X A J F Z R P K
E M I L D R E D R A T C H E D E H C J
D Y E K J B Q K T R F J C D L C Y J D
E J W R E A M S E I Z K P L A H L E
A L Y Z B Y O G I E A T E L T V L F
O C I R A U Z X E J I N Z E W G A N
F R F E R A F P C W A A B P Z N S N
C U T Z O Y W Z U L C C R W D U N I
O E T I N R V I L E A L Y O S L I E
L L B G E H M I C M D H U S T T R W
C L U Z S V D N V K V M Z V T C D I
H A M V S K Z D H A E K G T Q L L L
I D N C V J A T O N W D Z T S R I L
S E H N L L H J N S Z I W J R O N E
L V A L E X F O R R E S T I K C G K
A I X K P E S P M Q P R B U T E E
A L T H E R E S E R A Q U I N C R S
C A T H E R I N E T R A M M E L H G
```

135

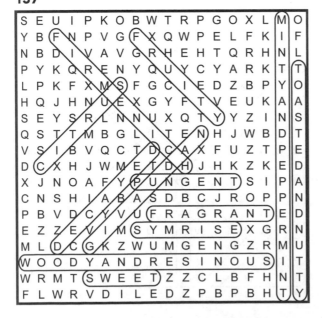

```
L O U I S E B R O O K S C P W U R P
R O G P P R R G C I J H K E Q D I R
P V B R I G I T T E H E L M V X C O
W P B M Z S C T F R K T H I J I H G
E M O Q Q Q N G X Q D S C L J I V A
R K S Z D V E R Q L J H A N D H
N E T N S U P S E G P N A A N M B A E
E W H Y J Z D V N I J J E N N O A R N
R E U Q J L D A W W K H Y N B O Z N T
K W Z Z H A I D T I C Z D I A R T H E
R A K E R L C J Q P L E X N R Z T I B
A R T N L Z V L Y N Z L D G R H U E B
U A O I R W V W V W X D X P X S Y U E
S C L X U M A E M A R S H U M K L E
S H A R O L D L L O Y D A P O H I M F
S L L F H G G N B G J G Y L R I E K
R Q I T B F O P B Z N R A L E N S O
U C J B U S T E R K E A T O N L S O
```

136

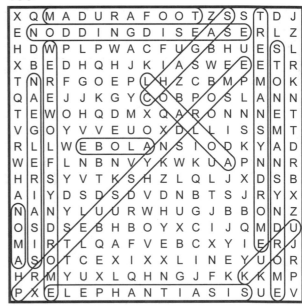

```
X Q M A D U R A F O O T Z S S T D J
E N O D D I N G D I S E A S E R L Z
H D W P L P W A C F U G B H U E S L
X B E D H Q H J K I A S W E E T R K
T N R F G O E P L H Z C B M P M A N
Q A E J J K G Y C O B P O S L A N T
T E W O H Q D M X Q A R O N N N E D
V G O Y V V E U O X D L L I S S Y M
R L L W E B O L A N S I O D K Y N D
W E F L N B N V Y K W K U A P N N R
H R S Y V T K S H Z L Q L J X D S B
A I Y D S D S D V D N B T S J R Y Z
N A N Y L U U R W H U G J B B O N U
O S D S E B H B O Y X C I J Q M D R
M I R T L Q A F V E B C X Y I E R J
A S O T C E X I X X L I N E Y U O R
H R M Y U X L Q H N G J F K K K M P
P X E L E P H A N T I A S I S U E V
```

137

```
S E U I P K O B W T R P G O X L M O
Y B F N P V G F X Q W P E L F K I F
N B D I V A V G R H E H T Q R H N L
P Y K Q R E N Y Q U Y C Y A R K T Y
L P K F X M S F G C I E D Z B P Y A
H Q J H N U X G Y F T V E U K A O A
S E Y S R L N N U X Q T Y Y Z I N S
Q S T T M B G L I T E N H J W B D T
V S I B V Q C T D C A X F U Z T P E
D C X H J W M E T D H J H K Z K E D
X J N O A F Y P U N G E N T S I P A
C N S H I A B A S D B C J R O P N N
P B V D C Y V U F R A G R A N T R U
E Z Z E V I M S Y M R I S E X G R T
M L D C G K Z W U M G E N G Z R M I
W O O D Y A N D R E S I N O U S N T
W R M T S W E E T Z Z C L B F H N Y
F L W R V D I L E D Z P B P B H T
```

138

```
X Z L C A F G J P O T A T O E S A B
Z J F P Y X Q E Y V S O E S Z N W Y
K K S R I J H N M E B Q S N M P K S
J J T C P M J M E P E A I W X X Y I
F N U C A J I B Y T N L P H K N X X
G I H K G T G G D T U W Z S U Y F
B E U M K C S K P S P G G L S V O
L L A M A S A N D A L P A C A S
P I G E O N S X S C Q B N X R E
E M H M Y S F Z H C R X P M L X
C A L A B A S H G O U R D T Z S
M C Z M J L M S O J W P T E H A
Q I Z H A F R K N G S A M A O Y
S H Y A H L Q X X U C N H N R A
Y U O S Y X K M O V C Q O F S M
O J V A C Y Y O Q C D O G S E A
I R D C R H X D H A J R Q S R O S
A F D T Y E E F D I Z F W N I O F
```

139

```
A R G E N T I N I A N N U T R I A U
D O M E S T I C R A B B I T Z T A K
E B U R C R X R F E Z A O Z Q R S S
Y X Q N H W W Q S E I W I K P X I C
G C O M M O N S T A R L I N G D A A
B R C M X D I K N X M A P V E A N N
U J A D R E N X U P V F L E Y B C E
R X C Y S Q V P Q Q D S W S R V A T
M H F R S V Q L R X G E I T W Z R O
E D M P Q Q G Y C T L R E Q M I P A
S H N B Q X U Z A B X Y A A Z B N D
E S U B X I M Z T H D Y E U I E
P F L W E W M U R M U W Z M H Q J N
Y Y U V B I T U R R B B W J W A G Y
T A F R I C A N I Z E D B E E I R B
H N R J L S I A M H X L X O Q H W E
O C A N A D I A N B E A V E R S Y J
N E Z H C B T M G Y W B Y X J H I A
```

140

```
T R I U M P H D O T H W A V E L P F
B A T T L E S C O N F U S I O N E O
V B P E R I L O U S F I G H T V D O
Z V H M K H B G C R Q X U B A E A T
O L E U L R W C Z O B J H R T Z W S
W L D B G V L O H C O R B Y X W N T
U Q I Q L G Y R C K M E V V Z B S E
N G C W E K P A G E H I M C S R E P
V Y G B R O A D S T R I P E S I A S
C H I G V C I Q F S Q D D U F G R P
I N G O D I S O U R T R U S T H L O
P P R A I S E T H E P O W E R T Y L
F O M P W M H Q O D R P E C W S L I
U L S K O A O F Z G I M C F B T I U
U D G H Y D R O U L T I J Z L A G T
P H V H H X H O N A W G D I F R H I
W B Z H K L S E X R V A V Z Q S T O
G L O O M O F T H E G R A V E N E N
```

141

```
J C K Z M J Y G B T D O I V G L V I
U X W D G V U N R E P K N I H M B K
N M O V H J C A G P V B N Z D Y X R
I C O E S X T A G V H S G I Q W I X
O Q Y H B T P C Q C M T Q Q V E Z O
R S X C E G F L K L K E U U M U V I
C F Q E W N C A C A R E C O A I L K
O Y W U Z J U Y D F L O X F X W P N
C S H R D B G H A L F L I X I L L A
H N Y E I H M E A O F E U Q I O R S
R O J B X S X N V U D W U C C S Y
A Q K F V G A R S P Y Q W N Y B Y N
N N Z T G A N Y O R Z A I J B L V O
R K V L Z C P D O S U L H U P K O Q
H V L B O S T O N C U R T I S P R U
O V I E Y W B Y O Y O S I I Z Z C V
B O S C O R A M O S M L C G H T Y L
B R Y N N E T H P A L T R O W F G F
```

142

```
N I H Z L B U C K E T W A R R M X R
A N G L O Z A N Z I B A R W A R A V
K R Q E C G K V N T T B K R A W Z U
A H T Q S W U S W R Y G A W R N E L
C E A Q C D K V A B T W Y A E L L S
R Z U N S W U W R D L R E P P B H R
C F M J R G R W G O T S J N P P A B
C T I O D E U O O S N W F O D W C N
L R P Q C V K T A I L P K V E P J T
U I B C U V S P K O P L I L Q Y S Z
F G O K X N H N Q U O V T G U L I N
L S B Y E V E H N T U T H W W U F K
G K Q D I T Y R M E E J B F A V Z
B N L Y X A R U G K F W M X Q S R K
M O G U L B A S U S W A R U R G P D
G P E C X B W H V R H D R M W C J Z
W Q E C S N A Q P V R F R R V A Q U
K M U R G E R O P I U M W A R S R A
```

143

```
X G P K G W L Z T F Q H X M N Q F D
A A T B O S J B U Y T E X I Q G Y K
M E X I C A N S L A Y R I D E K V R
B N U S T E P H E N J C A N N E L L
Q U A A W J D H K V U C E O M L U H
X Q M F M R S A X O T Z D Z R O J T
X O Z C X E C F N Z Y P O Z P N T N
A H L W L H G M C V A N D U R A V B
U X P R H C O L O N E L L Y N C H A
H Z A X D I V K M G G K X E Y P G N
M H W H L M W B I F N Z R R M Q T K
C T H E A Q U A M A N I A C Y B C O
Z Z T X J E F J R S Y T C V J S I F
L Q T V K F E F I R J H L I W A S H
G E O R G E P E P P A R D W I B A A
Z J F R X Z N X T L W F A C E M A N
O Y X G K Y B A B A R A C U S Z K O
H O W L I N G M A D M U R D O C K I
```

144

```
B S A C R A M E N T O K I N G S R T
E D K B J I C I S U R T A H K Y N K
R K N D D A B S Y M T B C S T X F A
L D X L C O V T V J Z V C S V A R
I U C Z Y B Z C M N J I R M A I A E
N W S T J U G R K W T F E B L N J M
O M L D S F J D B L S P D L G Z A M
L V U W R F P K E J S W T B N M A B
Y B M M T A E C N H A B A J Q K E S
M Y M C A L N G J L O F O N W R S N
P D U A G O T K B Q E Z M C Q N A U
I S L D T G I N H F H F I M Q C A L
C Z R S Y E D Q B V W I N P G M I I
S R O N A R T E S T W B G A L H T A
F B Q Y X M Y E O P H A P F I T M T
U M I C H A E L J O R D A N Y U I A
U M Y T L N N G O H N V D I A K T A
E W M Z W S K S J B N G U Q K K H R
```

145

```
A T T S F C A M C P L E S I O O C A
N N U H F V L B Z F M W A D G I Y I
K N U G R A N K J J J X L I E A L L O
Y K Q Z W Y I C T R T I T E A Y J U
L M C T B U F X K A X S D L N X G O
O K G E N G H I S R E X O E Z Z G G
S W Q N J X F C V U Q C H B L Q R E
C E H O E W X X D E A O U O U P T K
B X R G R L E U K C I E E N Y S J L
E C K G W C S F O A S C Y E Y Q A Y
H Q G J Y W E C X U B M G H D U X E
Z U L Y L P D E B G Z M T E H A E M
C M M I C H A E L E U S L A N C H I
D I N O V O L V I N G J F D B K I B
J N W Z J F Q H T I J E G U R P H E
B R O N T O T H U N D E R U A O T T
S E C R E T S C O U T S Y K T T K X
U X N V N G X Q I L F X M Q G B I Q
```

146

```
S A A U Z I L A H O O H Q E G V R J
E L V E O A C V K Y D U G K I G O V
R F E D B T O B M U I D A V O Q U J
G R G T S N A X J Y O C F O V K O Q
E E U E M J A T K D H X W A N X D
I D E D F C J X J K H M U P V K Z A
A P K W A C X A D D H C V X N Z I N
L E D I U D M H N S N H D D I L U M
E N H L R F T J K D A I V C Z T O A
X N M D E D F C B V W N A G A R L L
A Y L C L D O G B O K L J K T B G L
N W L A I N U N D A V I D C A I N O
D O S T U F Y N M F E L K P R O U R
R R W G S Y U M F I L B R A A J O Y
O T Q R B H L I O Y G Y E O Y X G O
V H H A O Z P C Y T S U N E T O M O
A X G N C T Y L B M N H E H Y S M I
Q Z C T H K P E T E R A L L I S O N
```

147

```
F W I Q H Q Z R N F V O X D I R K A
N I N E T E E N E I G H T Y F O U R
U J A Z V W T N K I F M N E W T K Z
K V D B I K V B R N H O M K B H W Z
D B R A V E N E W W O R L D E E Z M
Z Y U Z X J B M U N T D L R I R N I
T H E S H E E P L O O K U P G U O N
H Y Q O E Y F L H O F U K X R N V O
Y E L C J W G P W R O R I S K N A R
P P X N B R R U C A H X N M M I E I
G K K U L Y E J Q H N A P H R N X T
R T F U E M M V M K G T B P L G P Y
I E B B K J U H Q O R Y H V J M R R
S Z T M A X O S L N M W J E Z A E E
T H E H U N G E R G A M E S M N S P
V X J A Q D A N I M A L F A R M S O
I T C A N H A P P E N H E R E S R T
T H E T I M E M A C H I N E O P O T
```

148

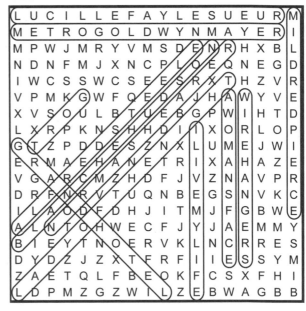

```
L U C I L L E F A Y L E S U E U R M
M E T R O G O L D W Y N M A Y E R I
M P W J M R Y V M S D E N R H X B L
N D N F M J X N C P L O E Q N E G D
I W C S S W C S E E S R X T H Z V R
V P M K G W F Q E D A J H A W Y V E
X V S O U L B T U E B G P W I H T D
L X R P K N S H H D I I X O R L O P
G T Z P D D E S Z N X L U M E J W I
E R M A E H A N E T R I X A H A Z E
V G A R C M Z H D F J V Z N A V P R
D R F N R V T U Q N B E G S N V K C
I L A O D F D H J I T M J F G B W E
A L N T O H W E C F J Y J A E M M Y
B I E Y T N O E R V K L N C R R E S
D Y D Z J Z X T R F I I I E S Y M
Z A E T Q L F B E O K F C S X F H I
L D P M Z G Z W I L Z E B W A G B B
```

149

```
W D B H Q J T B X P G I E B D Y Z I
F A N T A S T I C M R F O X R I I E
B S J T V D I Z W S A W N J X Z B E
M O O N R I S E K I N G D O M B T N
Z B N U F R E N C H D I S P A T C H
J X G R V H C H Q C B Q O P X J W O
I M I N N G X S Q R U S H M O R E T
F Q F N A T Y E M Z D L P L W A P E
C H T P N F L I F E A Q U A T I C L
F Z J B P A K M L T P F U U K U U C
I N R O Y A L T E N E N B A U M S H
N Z P L I Y L Q R L S D V O M N D E
I S L E O F D O G S T A M Q W Q O V
M F G X P D W L L V H X I N V Q B A
K Q C D A A S T E R O I D C I T Y L
J D P C X W L S P X T Q R K Q I M I
B O T T L E R O C K E T M O Y E D E
D A R J E E L I N G L I M I T E D R
```

150

```
B E A T R I C E R A P P A C C I N I
S P R I N G H E E L E D J A C K S J
W C A N T E R V I L L E G H O S T B
I K W H H I F S X K N E A V S F F N
M G G N E F A V G Y M E Y E W D S
E Y C J I Y B F H D Y A O V F H K X
D V A R N E Y T H E V A M P I R E G
U C V O V K U L B C F O C J T E S R
I Y F K I R J C K R W P S K M I E E
H C J Y S B E Z Y T F M M H A O H A
B K A A I O U Z C Z S A B U G J G T
G K L A B L N L B K N Z T Z W N G K
Z I M M L F R A N K E N S T E I N O
S J J R E C O U N T D R A C U L A
W P M H M A N O F T H E C R O W D
D F C Y W V Z Q S Q S Q H W U H A
Y G T D N V A Q L S B Z R G Y R Q N
M T H E D A M N E D T H I N G T X F
```

151

```
T E T H E N E W C O L O S S U S L A
O J U L Y I V M D C C L X X V I S F
R R N T L H B C P P S W S R V E C R
C G U K C I R L S Q B W E L S Z O E
H D U C C O B J L K W Z N S L U W D
B V D S N V T E R I T N A S Y L H E
E A I N T B E Q R I B M N M R B F R
A F F A G A Z R L T D E J A I T Z I
R R G S K X V U D E Y J R Y W G L C
I H I K H X P E L I O I K T N Y B
N W X Z V H X D E M G E S D A X J A
G T E N P T D Y V I Y R B L N S V R
A S V E V U P T F B F Q I C A W S T
R B S K H T O F V I L F O S G N C H
M O D T T Q Y P Y G L M E F C Y D O
J Q S R P O X K U S A J O L R N R L
R I C H A R D M O R R I S H U N T D
G R O V E R C L E V E L A N D R K I
```

152

```
A W D Z B Q L I M E R S J T P M U T
V U N B T J W W X W E M M F X X G I
Y Q T T P T H V V M H Z Q U U W J T
M C Z T Y N H R I G M V O D Y C H H
Q G Q G N G E T U J R D I Z X G G O
U K T L Q G N U M W R K H T I K X G
T H E C I R C U S E E K R L U Q Y O
F F N N E T L I V H W O E W L N Z L
X A K D G Z U R T Y O M T F M L S D
N N O I I T U Y U M I I P S C S N R
L M O P L E C A J L S V R H G G V U
B O J K I A W O M A N O F P A R I S
E H I S N E W P R O F E S S I O N H
D I N A K I N G I N N E W Y O R K S
U O T H E G R E A T D I C T A T O R
M F Q F M R J M S X A W V A B U W M
H S C G P S Y S C I T Y L I G H T S
T H E S T A R B O A R D E R A I Z M
```

153

```
S E D P N W P D F S P M N K E H A S
S H T S U O N C X Q H N R D D F J I
E U A V B E V H P X O A H S S U G J
Y E X R P O D U O H X M A Z N Z D
C R F B P P A K G S D P P T I K N P
H C Q A W N E C N P J T J J B A D L
E U C C D C U R I S X X C U J N D U
L U I H Z R E S D F Y O I T A Q L N
L M M S C T A G E O I K P Y G M Y K
E B K J N B D R G S G C D M I K G E
S J P A Y I J E C I E F N R C G M T
G U T L V S O H A N L Z V I U X V C S
U F I S A N D T I G E R E S R L W H
L W W G S A I W Q F J U R N H S Y R
P A N G E L S H A R K B G W G O E E
E V X Z A R L I P K M R H W V I Y Y
R F A T L A N T I C S I X G I L L V
V B Z V P T N E D J G W K V P N P L
```

154

```
C L U M S Y S M U R F J V S W G B F
G Y Z Y A M T O C B H M D N A R R G
Q J T Y Z I L O J H J S E J S E A I
Q R R T V A H E O A L W I F N E I N K
C S D S W H H X Y N O I R Q A D Y I
S T U W H F Z Y F Y M G A C P S S R
U D K V M T A R A S O I N Z Y M M Z
C V T E M Y Y A Y M Z G I E E S U U
E Z O S Z S F H N U W U T M M R R Z
N B H A Y M C V S R W T Y M U F I
Q V D T B U T P S F E O S N R T B D
F M I Z O R O I D F F V M B F N J J
Z Q F R R F O D R R J T U V L C Z N
W E G F S V R U X K F W R K I M P I
J O K E Y S M U R F I X F L N D G W
F P A P A S M U R F E L G F G R V E
C L O C K W O R K S M U R F M Q V W
```

155

```
H O G A T H A G R I F F I N D Y Y M
X Q L C A T B Z N W V W A R B B J O
E K Y B I X V K M O J A I Z N K L G
R Z D G N C U I L H I P V A R C N F
Z K K T N W B U N R L J R E F A O V
A D M G L R E D E N X A Q G I D E E
W K S T Z M N P T C Z N E R T Q U L
M G Z U D N M H F A I K O N R Y C I
C V A C T I I P H A J G J V E K H H
B D S R Y I S T D L E J L D V Q L X
J T J D G I L R M R M W I Z E U O Y
F Y A T S A O D G Z S K E I L W R H
L U E B M M T H U C Y C Q N V N H D
G Q M D S Z N E B Q R Q U E N G Y J
N E R C L U V Y L W U M U M M Y D J
N O K K O K K R K F P T Y C T Y R L
L T J C S S L H G O L Z S B N I I L
Z P D K Z G D T Y X E R Q A Z E S E
```

156

```
O W I A M W A T M L F C Y Y D R V U
C A S T I L L O D E B E L L V E R F
E Q E L P G B L I X O B N F L Z K C
X P I A I X Y A W Z Z Z S O I N R U
X E M N N O G A F N G A V D C S W
O R B T Y T I B E N K G A H K R G N
N S L I I E S T M I J C B R D M U R
V I S C T D U S W G O F U B R V E Z
A A M E R H I U E C U R W E S K M Z
L N V M P H R M O W O W V G N W I E
D G L P L L A M N I A I A M O N C
E U R T A E A K R L T U P H G K
Z L V E Y R I A U N M Y C G E U S
J F C S N X Y I V J E F Q C M Q G U
Y W Z S U I T L Q V C M Q M R V L H
M A B B F U O O A U D H H L W Z A J
M R E G S K W H C X J A Q A N R K C
D E E P W A T E R H O R I Z O N A Y
```

157

Answer words found: GRAVE, PRESTO, LARGHETTO, ADAGISSIMO, MODERATO

158

Answer words found: THEMYSCIRAN SHIELD, MAGNETIZED EARRINGS, BRACELETS, LASSO OF TRUTH, SANDALS OF HERMES, GAUNTLET OF ATLAS, AMULET OF HARMONIA

159

Answer words found: GOOSEY GOOSEY GANDER, HEY DIDDLE DIDDLE, HICKORY DICKORY DOCK, HUMPTY DUMPTY, ARE YOU SLEEPING, BIRDS OF A FEATHER, GEORGIE PORGIE, BANBURY CROSS, ITSY BITSY SPIDER, JACK BE NIMBLE

160

Answer words found: JAKKS PACIFIC, MATTEL, IDEAL, PLAYMOBIL, BANPRESTO, PLAYMATES, HASBRO, GUND

161

Answer words found: BASS DRUM, SIDE DRUM

162

Answer words found: BIKKU, LEPIN

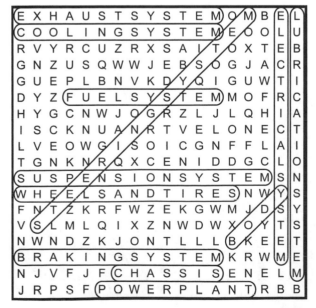

163

```
B E C K E T T S C A S T L E Q W D D
E N H O T E L M O N T E V I S T A A
U W R S J G F S Y G T F L T L K C N
L I B Y W X T B O Q O G C E J R V
I F M Q A A F A H Z V P B N F P B E
V X G O A X Y Y W D R I X D L C D R
Y M Q A J F E X V E J T S G V I Y S
P O I N T L O O K O U T L I G H T S
W E P T N K X A B X X O N C M X U T
X S S A A A F B A Y Y C G N K G J A
O P T S O I U C T C T K L G T T D T
F S T R A N D C I N E M A E V I H E
G A K O N A L O D G E A W N R M Q A
X L A L A U R I E M A N S I O N A S
G T H E M O U N T M U S E U M M X Y
C R A Y H A Y M A N S I O N G R P L
R D B W R R S H K P K O Q T O L W U
H F C W B B O U R B O N I N N G G M
```

164

```
W R A N G E L L S T E L I A S A V D
V T T W N H S S G A L W O N T G H H
W F H M T G K A A I E W O I H S D T
S P O E W J P Q N E K I Q N R H S H
G R O I O O O B N A Z O J E K E N O
B R L V U D L L E D R H I D R N Y J
R J O S N H O D B A C N B O Q A E T
Y W B C U L R R U X I Q F Z L N L Q
H X H C K E V G E A G D N Y X D L P
V S U I V Y A N R R E H D J Y O O H
W H G A T S M T L I O G O C W A W Z
K O S S F E N O F G Q O G O D H S K
U E E F N U S I U W Y O S E M I T E
M U H T O X R A Q N I X H E H K O S
G O E M K T D B N K T N A L V I N Q
E S U P E E M G S D E A J R P E E J
K K Q P O F B O Y C S U I G N V L B
K E O K L Z Z Y E J P J Z N M H R T
```

165

```
E J Z B K S N O C A R L O S S L I M
Z L E L A R R Y E L L I S O N G W U
H S O F O H O T B R C W A A R I A A
A B K N F Y T F D Q N T B E M I R D
N N B H M B D W P J N C B U Z J R F
G Z Y H X U E W R R K M S F Z F E W
Y I U Q B A S Z I Z O M T M D T N F
I V Q U D R E K O O B J E X F Q B L
M J N N J N I C L S I M V S F P U F
I O C Y Y T W B P K L Z E X T C F U
N B O Y V D L U Z Q L P B O Q N F C
G Y B M J E I V S F G D A J X Y E Z
B E R N A R D A R N A U L T I L T T
F C Y H Z X W N T T D L W W K T D
Q P C D E N L S A J E N M M G G Q S
S I Q J V I W W P H S H E M L O G N
M U K E S H A M B A N I R Q P F I R
A M A N C I O O R T E G A P A O K S
```

166

```
M R U Z U R O P G T M J K R O E R X
M M P T L X S S E A T K G D S V R Q
Y Y K C S L S F Z H Y Q A W Y Z J X
D Q S U X H N D C D U H K Y Z M N E
W J R A I V X A R M E K O D A H B T
J Y I H O I Y H J I J L R T Z K K W
U J O M D T Y O D R E D G E R F F C
N G X I L G F D M A Z H P B B S H T
K U I C T N T B T W C Y R R R A W F
I E K G O S M R W G Y D D Y F L B U
S E S B C B G G G M J X V H R B Y C
W T G T S V F E R R Y O B F T O H A
D U Z K R G F L P A O X C R A A J N
T G E N P U M V A S Z E V B N T B O
O K C A O G Y Q K I T A U K K E E E
H K I C E B R E A K E R M V E Y Q X
Z Q H Y X A V S R B F T E I R B J Y
```

167

```
E X H A U S T S Y S T E M O M B E L
C O O L I N G S Y S T E M E O O L U
R V Y R C U Z R X S A I T O X T E B
G N Z U S Q W W J E B S O G J A C R
G U E P L B N V K D Y Q I G U W T I
D Y Z F U E L S Y S T E M M O F R C
H Y G C N W J O G R Z L J L Q H I A
I S C K N U A N R T V E L O N E C T
L V E O W G I S O I C G N F F L A I
T G N K N R Q X C E N I D D G C L O
S U S P E N S I O N S Y S T E M S N
W H E E L S A N D T I R E S N W Y S
F N T Z K R F W Z E K G W M I X S Y
V S L M L Q I X Z N W D W X O Y T S
N W N D Z K J O N T L L L B K E E T
B R A K I N G S Y S T E M K R W M E
N J V F J F C H A S S I S E N E L M
J R P S F P O W E R P L A N T R B B
```

168

```
G R I Z Z L Y B E A R K Q V Q J L A
E S V E E P V Z Z I Z S S L P L O M
U U M I N Y B Y V R G A I J O O U E
R G Y O B Q X U M T R D S J H T I R
A F B Z S L F J T A V P T V Q W S I
S C F Q T R Y F E Q U T G I B R I C
I E C B F C V B F R R X G D E H A A
A Z B T H R H C E Y S P X D K C N N
N S P E C T A C L E D B E A R B A B
B P J P O L A R B E A R W W D S L L
R Y X L C V A R P X B K U C L L L A
O M S H E R P L S S F F P Y U V A C
W S Q S T O C S E Q U B K O W A C K
N K O D I A K B E A R N D T R Y K B
B R O W N B E A R M O A B P X U R
E F H A I D A G W A I I B E A R
A S I A N B L A C K B E A R A P A R
R N W V K I C A L D R K O K M R R T
```

169

170

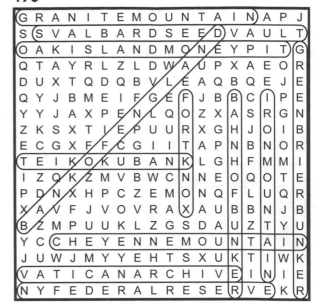

171

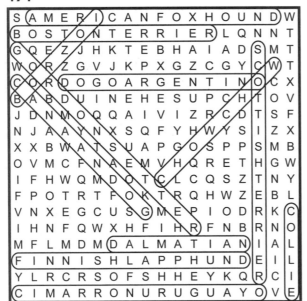

172

173

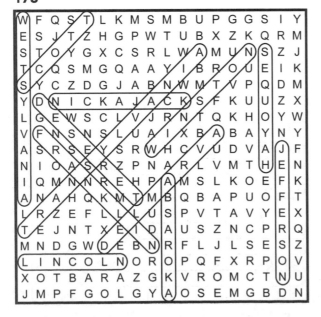

174

```
R E I C H E L T S P A R A C H U T E
Z G M U K O Z G K B C O K A B V S Q
C Y B E R S Y N X L N V Q U I B I S
K K E Z X K H B J L V G A Q L E S R
W R J N D N R F C J N P Z T K A A Q
Z O G U S T R Z Z O A D E J L Z E H
A M X S A E I N T E G N N G I K T U
P E P S I A M W U Y E P E M O B R N
X N I D L O E D T L K L E C C D O L
W G K W R N C F E D G V W T Y I F A
O C K G E O L T X O A E Y O S Q O S
L W K L P B F C O L N V F I P I R E
J H P K O P O G Y V L C V B M K D R
T P N X T A R B N F W A F C W N P D
A E H P Z M W D Z N L N T Y Y B I I
C K O R S S T A B O N L A R I K N S
I T Z Z C E H J P C N Z Y U D J T C
Q H Z U V K F S K W I Y J E X F O U
```